Walter und Margareta Feldkirch

Weihnachten, wie es damals war

Erlebte Geschichten

R. BROCKHAUS

RB*taschenbuch Bd. 589*

RBtaschenbuch, 4. Auflage 2004
Lizenzausgabe mit freundlicher Genehmigung
Umschlaggestaltung: LineDesign Ursula Stephan, Wetzlar
Druck: Breklumer Druckerei Manfred Siegel KG
ISBN 3-417-20589-1
Bestell-Nr. 220 589

INHALT

VORWORT

Wenn zu den vielen bereits existierenden Weihnachtsbüchern ein weiteres erscheint, muss es dafür gute Gründe geben, und wir meinen, es gibt sie.

In diesem Buch findet der Leser nicht erdachte, sondern erlebte Geschichten. Was wir in unserer eigenen Kindheit und später mit unseren Kindern und Enkeln sowie in unseren Gemeinden erlebt haben, ist hier aufgeschrieben. Hinzugefügt haben wir außerdem überlieferte Erlebnisse bewährter Gottesboten.

Manche der Geschichten wurden in früheren (und inzwischen vergriffenen) Büchern schon einmal veröffentlicht, und wir haben uns über die positive Resonanz auf diese Bücher sehr gefreut. So schrieb Dr. Veronika Carstens: »Ich habe Ihre Bücher mit großem Gewinn gelesen und wünsche ihnen weiteste Verbreitung.«

Die hier zusammengestellten kurzen Weihnachtsgeschichten sind teils heiter, teils besinnlich und eignen sich gut zum Vorlesen bei Feiern in Familie und Gemeinde. Eine besondere Freude und Ehre war es für uns, als der vor einigen Jahren verstorbene Schauspieler Heinz Rühmann sich in einem handgeschriebenen Brief »für die zu Herzen gehenden Geschichten« bedankte und eine von ihnen bei einer Weihnachtsfeier im Fernsehen vortrug.

Am Ende dieses Buches stehen einige Erinnerungen zum Jahreswechsel, und auch in der letzten Geschichte geht es – wenn auch auf andere Weise – um den Übergang vom Alten zum Neuen. Sie ist gewissermaßen ein persönliches Nachwort zu diesem Buch und zu allem, was wir im Glauben erleben durften.

Walter und Margareta Feldkirch, im Mai 1998

Die Nacht vor dem Fest

Die Stille rings um das Altenheim im Park schien noch größer zu sein, seitdem in der Frühe des dreiundzwanzigsten Dezembers ein starker Schneefall eingesetzt hatte, der den ganzen Tag über andauerte. Am Morgen hatten die Heimbewohner verwundert in eine verzauberte Welt geschaut. Die Tierfreunde unter ihnen säuberten ihre Vogelhäuschen am Fenster vom Schnee, schütteten reichlich Futter hinein und erwarteten neugierig ihre gefiederten Kostgänger.

Wer das Heim betrat, merkte etwas von dem weihnachtlichen Glanz, der auf allen Dingen lag. In der Eingangshalle stand ein großer Tannenbaum, dessen elektrische Kerzen den ganzen Tag über brannten. Auf den Korridoren hingen leuchtende Adventssterne, und im Speisesaal war eine Weihnachtskrippe aufgebaut, die bei vielen längst versunkene Kindheitserinnerungen wachrief. In jedem Zimmer befand sich ein Adventskranz oder zumindest ein Tannenzweig mit Lametta.

Einige Heimbewohnerinnen luden sich auch an diesem Nachmittag gegenseitig zum Kaffee ein, wo sie beim Schein der Kerzen aus vergangenen Zeiten erzählten. Doch die meisten Frauen saßen im Tagesraum vor dem Fernseher.

Am späten Nachmittag kam eine Schulklasse und musizierte. Die Kinder überreichten den Anwesenden kleine selbstgebastelte Geschenke. Mit dem abendlichen Gesang eines Kirchenchores ging der Tag, der eigentlich gar nicht richtig hell geworden war, friedlich zu Ende.

Als sich die Nacht vor dem Fest still über das Altenheim herabsenkte, konnte niemand ahnen, dass es keine stille Nacht, sondern eine Nacht schreiender Angst werden sollte, deren Schrecken wie eine dunkle Wolke die Festfreude überschatten würde.

Etwa um vier Uhr wurde die nächtliche Stille jäh zerrissen durch lautes Klopfen, das aus dem Zimmer der achtzigjährigen Frau Klein kam. Augenblicke später riss die Gehbehinderte die Tür auf und schrie mit schriller Stimme über den Korridor: »Hilfe! Hilfe! Feuer! Feuer!«

Zwei ältere Diakonissen, die auf der gleichen Etage ihre Zimmer hatten, stürzten herbei. Die eine kümmerte sich um Frau Klein, die ohnmächtig zusammengebrochen war, die andere riss den Feuerlöscher von der Wand und bekämpfte das Feuer, das sich glücklicherweise noch nicht weit ausgebreitet hatte.

Inzwischen waren die Zimmernachbarinnen natürlich alle wach geworden und schauten ängstlich durch die offene Tür auf das Werk der Vernichtung, bevor man sie freundlich, aber energisch wieder auf ihr Zimmer schickte.

Doch wie war es zu dem Brand gekommen? Frau Klein hatte – nachts um vier! – ihren Adventskranz anzünden wollen. Aber die zitternden alten Hände hatten die Kerzen verfehlt. Der durch die Zimmerwärme getrocknete Adventskranz hatte Feuer gefangen und das Tischtuch angezündet. Da der Tisch nahe am Fenster stand, hatten die Flammen schon bald die Gardinen erfasst ...

In der Tageszeitung standen am nächsten Tag wenige sachliche Zeilen:

»In dem Altenheim entstand in der Nacht zum 24. Dezember ein Zimmerbrand, verursacht durch den brennenden Adventskranz einer 80-Jährigen. Der Brand konnte aber schnell durch hauseigenes Personal gelöscht werden, so dass eine Katastrophe vermieden wurde.«

Und die Leute, die das lasen, schüttelten den Kopf und sagten: Diese schrullige Alte! Sollte doch nachts schlafen, statt Advent zu feiern. Solchen Menschen sollte man aus Sicherheitsgründen den Umgang mit Feuer verbieten!

Und sie hatten im Grunde Recht.

Aber was wussten sie von Frau Klein? Von ihrer Schlaflosigkeit, die sie seit Jahren quälte? Von ihrer Trauer um den Lebensgefährten, der zwei Jahre zuvor, gerade in der Adventszeit, von ihr gegangen war – nach fast 60-jähriger Ehe?

Was wussten sie von der Einsamkeit, die ihr oft das Herz abschnürte? Da blieben ihr nur die Erinnerungen – lebendig und gegenwärtig.

Auch in dieser Nacht hatte sie mit dem Gefährten ihrer langen Ehejahre stille Zwiesprache gehalten.

Und als sie ihn fragend angeschaut hatte – sein Bild stand ja neben dem Adventskranz auf dem Tisch –, hatte sie da nicht deutlich bemerkt, wie er ihr zunickte? Und das bedeutete doch: Ja, zünde die Kerzen an! Lass uns gemeinsam in ihr stilles Licht schauen, wie wir es so oft taten. Musste sie da nicht die Kerzen anzünden?

Aber das konnte sie niemandem erzählen. Stattdessen nahm sie es als Geheimnis mit ins Grab, als ihr von so viel Unruhe geschwächtes Herz kurz nach Weihnachten für immer stehen blieb.

Ein Kind für Maria

In der Morgenfrühe des ersten Weihnachtstages ist für Schwester Maria der Nachtdienst im Krankenhaus beendet. Hinter ihr liegt eine anstrengende »Heilige Nacht«, die eigentlich mehr eine eilige Nacht war. Fast ohne Pause hatten die Patienten der Station nach ihr geklingelt.

Einerseits war ihr das ganz recht gewesen. So kam sie nicht zum Nachdenken. Darum hatte sie sich auch freiwillig zum Weihnachtsdienst gemeldet.

Nur wenige Wochen vor dem Fest war nach einem handfesten Streit der langjährige Freund mit seinen

Koffern für immer aus der gemeinsamen Wohnung ausgezogen.

Und die Ursache des Streites? Sie hatte ihm beim Schein der ersten Adventskerze gestanden: »Ich bekomme ein Kind von dir!«

Aber statt sie beglückt in die Arme zu schließen – wie sie es sich heimlich erträumt hatte –, war er grob und ausfallend geworden. Er hatte mit der Faust auf den Tisch geschlagen, dass ein Weinglas umkippte, und ihr erregt deutlich gemacht, dass er sich nicht durch eine Ehe binden wolle und ein Kind sein berufliches Fortkommen gefährdete. Und er war für immer gegangen.

In den folgenden Tagen und Nächten kämpfte Schwester Maria einen schweren Kampf. Das werdende Kind, auf das sie sich – wie jede wirkliche Mutter – anfangs gefreut hatte, wurde mehr und mehr Gegenstand ihrer Ablehnung, ja ihres Hasses. War dieses Kind nicht schuld, dass ihr Lebensglück zerbrach? Und – sollte es ohne Vater aufwachsen?

So fasste sie den unheilvollen Entschluss: Ich werde dieses Kind nicht austragen, sondern abtreiben.

All diese Gedanken und Erinnerungen befallen sie jetzt wieder, da ihr Nachtdienst beendet ist. Aber mit einer Handbewegung vertreibt sie die düsteren Wolken und wischt energisch die aufkommenden Tränen aus den Augen. Sie zieht den Mantel an, öffnet die breite Tür des Krankenhauses und tritt ins Freie, um den kurzen Weg durch die Parkanlage ins Wohnheim zu gehen.

Tief atmet sie durch, denn die frische Luft tut ihr gut. Es ist noch dunkel. Im Schein der Laterne sieht sie, dass es leicht zu schneien beginnt. »Leise rieselt der Schnee« – die Melodie dieses Weihnachtsliedes geht ihr durch den Kopf. Sie bindet den Schal fester, denn ein kalter Wind weht ihr die feuchten Flocken ins Gesicht.

Da hört sie plötzlich ein leises Wimmern.

Was ist das? Wo kommt es her? Sollte jemand einen kleinen Hund als unbequemes Weihnachtsgeschenk ausgesetzt haben?

Sie bleibt stehen und lauscht. Da! Da ist er wieder, der leise wimmernde Ton! Und nun sieht sie es: Dort auf der Bank unter der Laterne steht eine Plastik-Reisetasche. Und aus dieser Tasche kommt der klagende Ton.

Schon hat sie die Tasche geöffnet und hebt das warm verpackte wimmernde Bündel heraus. *Ein neugeborenes Kind!* Ein hilfloses kleines Geschöpf, von der Mutter verlassen und in der Heiligen Nacht ausgesetzt vor den Toren des Krankenhauses!

Alle Müdigkeit ist wie fortgeblasen, aller Kummer vergessen. Das Kindchen! Es lebt und braucht schnelle Hilfe!

Sie nimmt die Tasche und eilt damit zur nahen Säuglingsstation. Es ist – und nun halte ich mich genau an die Angaben des Polizeiberichtes, denn es ist wirklich so geschehen – es ist ein 4100 Gramm schwerer Junge weißer Hautfarbe, dunkelhaarig und 53 cm groß.

Mit klopfendem Herzen schaut Schwester Maria den Säuglingsschwestern zu, wie die Rettung des Kindes gelingt. Der Säugling ist zwar leicht unterkühlt, aber dieses »Christkind« wird liebevoll versorgt und ist bald wohlauf.

Nachdenklich geht Schwester Maria zum zweiten Mal den kurzen Weg durch den Park zu ihrer Wohnung.

Inzwischen ist es draußen hell geworden. Aber auch in ihr Herz ist ein heller warmer Schein gedrungen. Sie summt ein Weihnachtslied, denn nun freut sie sich auf das wachsende Kind unter ihrem Herzen.

Das verborgene Weihnachtswunder

Man schreibt das Jahr 1850. Im nordwestlichen Zipfel unseres Vaterlandes liegen im satten Grün der Marschen einige kleine ostfriesische Dörfer. Sie sind durchzogen von einem Netz aus Gräben und Hecken. Zwei knappe Wegstunden nur trennen sie vom Meer, dessen herber Atem, vom Wind landeinwärts getragen, bis in die Bauernstuben dringt.

Es ist Sommertag. Die Sonne taucht alles in ein freundliches warmes Licht. Nicht zu zählen sind die schwarzbunten Kühe, die auf den saftig grünen Weiden grasen. Man sieht es den Häusern an, dass hier der Reichtum zu Hause ist.

Aber dann kommt der Herbst. Besonders im Monat November heulen die Stürme ums Haus und drücken die Kronen der alten knorrigen Bäume landeinwärts. Da mag man keinen Hund nach draußen jagen. Die Familien sitzen nach getaner Arbeit gemütlich im warmen Haus und trinken ihren Tee mit Kandis und Rum.

An anderen Wintertagen, wenn die Stürme schweigen, breiten sich die Nebel in dumpfer, watteweicher Stille aus. Alles Leben scheint erstorben. Wo hört das Land auf? Wo beginnt der Himmel?

Mitten im Dorf liegt auf einer Warft, einem befestigten Hügel, die alte Kirche. Aber die meisten Großbauern finden den Weg dorthin nur bei Taufe, Trauung und Beerdigung.

So ist der vierundzwanzigste Dezember gekommen. Es ist ein stiller, freundlicher Wintertag. Der Pastor hat durch den Kirchenboten herzlich eingeladen zur Christfeier am Nachmittag. Der Dorflehrer, der zugleich Organist ist, hat extra ein Vorspiel von Bach eingeübt. Der Gemeindehirte hat sorgfältig eine gute Weihnachtspredigt vorbereitet.

Und dann läuten die Glocken der Kirche und laden freundlich alle ein: Kommt herbei, kommt herbei ...

Der Pastor schaut sorgenvoll aus dem Fenster seines Hauses auf den Kirchweg. Aber noch ist niemand zu sehen. Er zieht seinen Talar an und geht nachdenklich in die Sakristei der Kirche. Dann ist es so weit. Die Glocken schweigen, und die Orgel jubelt ihr Präludium. Auf dem uralten Kanzeltisch brennen vier dicke rote Kerzen.

In freudiger Erwartung öffnet der Pastor die Tür der Sakristei und schreitet feierlich in die Kirche.

Als sich die Augen an die Dämmerung des Raumes gewöhnt haben, sieht er tief erschrocken: Die Kirche ist leer! Nicht ein einziger Gottesdienstbesucher ist gekommen!

Langsamen Schrittes kommt der Organist von der Empore herunter. Beide gehen schweigend in die kalte Sakristei. Der Pastor steht still, den Blick zu Boden gesenkt, und betet.

Dann nimmt er ein Stück Kreide und schreibt an die Wand seiner Sakristei: »Weihnachten 1850 – zwei Menschen in der Kirche – Kyrie eleison!«

Mit Tränen in den Augen geht er hinaus, ein Hirte ohne Herde.

Als ich diesen Bericht aus einer alten Chronik las, war ich zutiefst erschüttert. Ich stellte mir vor, ich sei dieser Hirte gewesen.

Aber dann war es mir, als trete ungesehen jemand zu mir, der seine Hand auf meine Schulter legte und leise sagte: »... Und doch geschah ein verborgenes Weihnachtswunder.«

In jenen Tagen wird in dieser Gegend ein Knabe geboren. Er heißt Remmer Janssen. Und was noch keiner ahnt: Er wird einmal ein vollmächtiger Bote Gottes werden, durch den Gott in ganz Ostfriesland – und weit darüber hinaus – eine tief greifende Erweckung schenkt. Und wenn er in Strackholt predigt, werden jeden Sonntag mehr als eintausend Menschen die Kirche bis auf den letzten Platz füllen.

Aus der leeren Kirche wird eine übervolle Kirche. Statt des Hirten ohne Herde ein Gottesmann, dessen Dienste Tausende begehren.

In der Tat! Ein verborgenes Weihnachtswunder!

Eine unvergessliche Weihnachtsfahrt

Es war der dreiundzwanzigste Dezember, der Tag vor dem Heiligen Abend. Eine dichte weiße Schneedecke hatte die Häuser und Straßen unserer Stadt mit einem weihnachtlichen Glanz verzaubert.

In dem Gotteshaus der Gemeinde waren fleißige Hände den ganzen Vormittag am Werk gewesen. Ein wunderschöner großer Tannenbaum wurde mit viel Liebe geschmückt. Die umsichtige Gemeindeschwester hatte fleißig mitgeholfen und zuletzt noch hier eine Kerze gerade gerichtet und dort ein paar Lamettafäden hinzugefügt. Der Christbaum musste doch makellos sein, denn er stand vor der Kanzel im Blickfeld aller Gottesdienstbesucher.

Dann verabschiedete sie mit einem freundlichen Wort des Dankes die Helfer und räumte die leeren Schachteln fort.

Alles war bereit – morgen konnte die Christvesper gefeiert werden. Da es früh dunkel sein würde, wollte sie noch schnell ihren Wagen von der Straße holen und vor dem Gotteshaus parken. Hier war ein kleiner, mit einem Eisengitter gesicherter Platz.

Sie ging zum Auto, befreite die Windschutzscheibe vom Eis, ließ den Motor ein wenig warm laufen und fuhr dann langsam in Richtung Gotteshaus. Das war kein Problem. Als sie jedoch über den Gehweg auf den Parkplatz zusteuerte, wollten die Hinterräder nicht über den hohen, vom Glatteis rutschigen Bordstein.

Aber unsere Gemeindeschwester war eine energische Frau. Darum gab sie kurz entschlossen Vollgas! Und jetzt klappte es – freilich anders, als sie es sich vorgestellt hatte.

Das Auto bekam einen solchen Schwung, dass es mit unverminderter Geschwindigkeit auf die Kirchentür zubrauste – geradewegs gegen das mächtige verschlossene Portal. Gewaltsam brach die Tür auf, so dass das Holz krachte und splitterte.

Weiter ging die ungebremste Fahrt durch die leichte Flügeltür in den Kirchenraum hinein. Erst vor der hintersten der stabilen Kirchenbänke kam das Fahrzeug zum Stehen.

Die zu Tode erschrockene Gemeindeschwester brauchte einige Augenblicke der Besinnung. Dann eilte sie zum Telefon und rief den Gemeindeältesten an. Dieser – glücklicherweise ein Handwerker – kam schnell mit seinem Sohn, um die Tür notdürftig zu schließen.

Mit großer Erleichterung meinte er: »Gut, dass wir das geschafft haben, bevor die Presse davon erfahren konnte. Denn dann wäre bestimmt ein Foto mit entsprechendem Text in der Zeitung erschienen!«

Die gröbsten Schäden wurden am nächsten Vormittag beseitigt, und so konnte die Christvesper wie geplant gefeiert werden. Die Gemeindeschwester kam mit einer leichten Gehirnerschütterung davon. Und so war es in der Tat eine unvergessliche Weihnachtsfahrt, an die wir oft mit einem Schmunzeln zurückdenken.

Ein paar zerrissene Kinderschuhe

Familie Müller wohnte am Rande der großen Stadt in einer bescheidenen Wohnung. Luxus konnte man sich nicht leisten, denn fünf Kinder steckten ihre

Füße unter den Tisch des Hauses, und das Einkommen des einzigen Verdieners war nicht groß.

Doch nicht nur in materieller Hinsicht hatten die Kinder kein beneidenswertes Los. Wo sollten sie spielen? Das Lärmen im Treppenhaus und das Spielen auf dem Hof waren strengstens verboten.

Jetzt allerdings, in der Adventszeit, hatten sie eine beglückende Abwechslung. Unter der Obhut der ältesten Schwester bummelten sie nachmittags durch die weihnachtlich geschmückten Straßen, schauten sehnsüchtig in die vollen Schaufenster und wärmten sich in den Kaufhäusern, wenn sie vom Laufen in der Kälte durchgefroren waren. Freilich, etwas von den verlockenden Dingen zu kaufen, dazu fehlte das Geld.

Zu allem Unglück der Familie ging an einem Tag in der Adventszeit auch noch die fast täglich benutzte Waschmaschine entzwei und ließ sich nicht mehr reparieren.

Da las Herr Müller in der Zeitung, dass eine gebrauchte Waschmaschine zu verkaufen sei.

Und so machte er sich nach Feierabend auf den Weg zu der angegebenen Adresse. Was er sah, war ein vornehmer Bungalow, umgeben von einem prachtvollen Garten. Ein wenig Neid und Bitterkeit stiegen beim Anblick dieses Reichtums in seinem Herzen auf.

Er klingelte und ein freundliches Ehepaar bat ihn herein.

Für einen erstaunlich günstigen Preis erstand Herr Müller schließlich die Waschmaschine. Aus übervollem Herzen bekundete er seine Dankbarkeit. Er sagte, wie schwer es bei seinem Verdienst sei, jeden Tag den Tisch zu decken. Und wie viel fünf Kinder an Kleidung und Schuhzeug brauchten. »Fast jede Woche bringe ich ein Paar zerrissene Kinderschuhe zum Schuhmacher!«

Da erhob sich plötzlich die Hausfrau und verließ weinend das Zimmer. Erschrocken fragte Herr Müller: »Habe ich etwas Verkehrtes gesagt?«

»Nein«, beruhigte ihn der Hausherr. »Aber was Sie nicht wissen können: Wir haben als einziges Kind ein achtjähriges Mädchen, das seit seiner Geburt gelähmt ist. Ein Paar zerrissene Kinderschuhe würden uns zu den glücklichsten Menschen der Welt machen.«

War es ein Engel?

Man schrieb das Kriegsjahr 1943.

Am Rande unseres Grundstücks stand ein sogenanntes »Rauchhaus«, ein ehemaliges Landarbeiterhaus. Es hatte keinen Schornstein, damit der durch die Dielentür abziehende Rauch die an der Decke aufgehängten Würste und Schinken räucherte.

Dieses Haus stand leer, und ich hoffte, meine Eltern dort unterbringen zu können. Sie waren in Hamburg ausgebombt worden und zudem beide pflegebedürftig.

Und natürlich freuten wir uns darauf, nach Jahren endlich wieder ein gemeinsames Weihnachtsfest feiern zu können.

Eines Morgens – es war kurz vor Weihnachten – stand ein Lastwagen, hoch beladen mit Hausrat, vor dem Rauchhaus. Aus dem Auto stieg ein Ehepaar, das versuchte, in das Haus zu gelangen. Erschrocken beobachtete ich das Geschehen von meinem Küchenfenster aus.

Nachdem sie sich vergebens bemüht hatten, die Tür zu öffnen, kamen sie zu mir, zeigten den Einweisungsschein vor und fragten nach dem Schlüssel.

Doch wir hatten keinen Schlüssel und hatten ihn auch nie gebraucht, denn die Tür war nie verschlossen gewesen.

Nach einem weiteren vergeblichen Versuch fuhr die Familie enttäuscht und verärgert zum Bürgermeister, der ihnen daraufhin eine andere Unterkunft zuwies.

Unterdessen ging ich zu dem Rauchhaus, weil es mir unverständlich war, dass die Tür verschlossen sein sollte. Ich fasste den Türgriff an und – öffnete mühelos die Tür!

»Was bedeutet das?«, fragte ich leise betend.

Am nächsten Tag bekam ich ein Telegramm, dass meine Eltern auf dem Weg zu mir seien.

Daraufhin gab mir unser Bürgermeister einen Einweisungsschein, und gegen Abend bezogen Vater und Mutter das Rauchhaus. Nun konnte ich sie und mit allem Notwendigen versorgen. Wie wunderbar hatte Gott alles geordnet!

Unter dem Weihnachtsbaum haben wir gemeinsam Gott dafür gedankt.

Ausgezischt

Als der spätere Hauptpastor von St. Michaelis in Hamburg, Georg Behrmann, in Tübingen studierte, musste er einmal zu Weihnachten für den erkrankten Pfarrer eines kleinen Dorfes auf der Rauhen Alb einspringen.

Er hielt am Vormittag den Weihnachtsgottesdienst, hatte aber nachmittags auch noch die Feier der Kinder zu leiten.

Diese Feier begann er mit einer Frage: »Nun, liebe Kinder, was für ein Fest feiern wir heute?«

Zu seinem Schrecken wurde er auf diese Frage von der großen Kinderschar erbarmungslos ausgezischt.

Ratlos stand der arme Student da und rang um Fassung, bis jemand die Situation rettete und dolmetschte. Denn die Kinder hatten einstimmig geantwortet: »'S ischt Chrischtfescht!«

Weihnachtsgeschenke

Es war an einem kalten Novembertag. Schneidend fuhr mir der Ostwind ins Gesicht. Lag schon Schnee in der Luft? Fröstelnd betrat ich das Altenheim am Rande unserer Stadt. Frau Walther war über meinen Besuch hoch erfreut. Wer besuchte sie denn schon? Ihre Heimat, in der Angehörige und Freunde wohnten, war mehr als hundert Kilometer entfernt. So schlichen die Tage eintönig dahin.

Aber an diesem Tag fand ich die Greisin fleißig bei der Arbeit: Sie strickte einen Wollschal. Weil ich wusste, dass sie hin und wieder kurze Spaziergänge in den Ort unternahm, fragte ich sie: »Na, Oma Walther, stricken Sie sich einen Schal?«

Sie gab keine Antwort. Stattdessen stand sie auf, suchte umständlich in ihrer Kittelschürze einen Schlüssel, schloss einen Schrank auf und holte zwei Tragetaschen hervor, prall gefüllt.

Noch immer sagte sie kein Wort. Aber während sie

begann, die Tüten zu leeren, trat ein frohes Leuchten auf ihr Gesicht. Dabei schaute sie mich erwartungsvoll an, um sich an meiner Überraschung zu freuen.

Und ihre alten Hände legten Stück für Stück verschiedene Dinge auf den Tisch: Eine gestickte Tischdecke, eine Sofakissenhülle, Topflappen und zwei gestrickte Wollschals.

Erst jetzt begann sie zu erzählen.

Schon im Januar hatte sie angefangen, ihr Taschengeld zu sparen. Und dann hatte sie eingekauft: Wolle, Stickgarn und anderes mehr. Seit vielen Monaten war sie fleißig gewesen, hatte gestickt und gestrickt.

Und nun lüftete sie ihr Geheimnis. Es waren Weihnachtsgeschenke für die Familie. Das Kopfkissen für den Sohn – »Er legt sich mittags so gern ein Stündchen aufs Sofa.« Die Tischdecke für seine Frau – »Ist die Decke nicht hübsch geworden?« Und die drei Jungen sollten jeder einen Schal bekommen – »Der Große fährt mit dem Moped zur Arbeit, und die beiden anderen haben einen weiten Schulweg.«

Nachdem ich alles genügend bewundert hatte, wickelte sie liebevoll jedes Stück wieder ein. Die beiden Tragetaschen wurden sorgfältig eingeschlossen.

Dann griff sie schnell wieder zu den Stricknadeln. »Der Schal muss ja fertig werden«, entschuldigte sie sich.

Im Laufe des Gesprächs erzählte sie mir, sie habe am Tag zuvor einen Brief an die Familie abgeschickt.

»Ich habe geschrieben, sie sollen vor Weihnachten kommen und die Sachen abholen, damit sie unter dem Tannenbaum liegen. Nicht wahr«, fügte sie hinzu, »so wertvolle Sachen kann man doch nicht mit der Post schicken!«

Wir malten uns gemeinsam die Freude aus, die diese Geschenke auslösen würden. Dann verabschiedete ich mich mit dem Versprechen, dass meine Kinder sie zum Weihnachtsgottesdienst abholen würden.

Und dann ist Weihnachten.

Ich sehe Frau Walther im Gottesdienst sitzen. Aber ihr Gesicht scheint von der Weihnachtsfreude unberührt zu sein.

Anschließend ist sie bei uns zu Gast. Während meine Frau uns eine Tasse Ostfriesentee bereitet, frage ich: »Nun, Frau Walther, hat sich ihre Familie über die Geschenke gefreut?«

Da werden ihre Augen nass, und sie sagt: »Es ist keiner gekommen, um die Geschenke abzuholen.«

Enttäuscht frage ich: »Aber haben sie denn wenigstens geschrieben, warum sie nicht gekommen sind?«

Die alte Frau kann kein Wort herausbringen. Sie schüttelt nur den Kopf. Dabei laufen ihr die Tränen über die faltigen Wangen.

Ein ganzes Jahr lang hat sie gespart, geplant, gearbeitet, sich gefreut – und keine Antwort. Keine Bereitschaft, sich beschenken zu lassen.

Wochenlanges Warten – die Pflegerin erzählte mir später, Frau Walther habe jeden Tag am Fenster des Tagesraumes gesessen, von dem sie die Straße überschauen konnte – und sie wartete vergeblich.

Niemand kam.

Wandas Weihnachtsfest

Wanda ist ein junges Mädchen von siebzehn Jahren. In Waisenhäusern groß geworden und aus dem Erziehungsheim ausgerissen, streift sie ohne festen Wohnsitz durch die Straßen Münchens.

Es ist in der Adventszeit. Lichterketten und Tannenbäume auf Straßen und Plätzen, volle Schaufenster mit verlockenden Angeboten und kauflustige Menschen in den Geschäften und Kaufhäusern. Aber das alles ist für Wanda unerreichbar, denn sie hat keinen Pfennig in der Tasche.

Vor der beißenden Kälte flieht sie in ein Kaufhaus, um sich aufzuwärmen. Sie hat Tränen in den Augen. Eine mitleidige ältere Dame lädt Wanda zu einer Tasse Kaffee und einem Stück Kuchen ein, und diese nimmt das Angebot dankbar an. Als die Wohltäterin sie aber nach ihrem Woher und Wohin ausfragen will, steht sie plötzlich auf und verschwindet. Sie hat Angst.

Auf der Suche nach einer nächtlichen Bleibe gelangt Wanda durch den Personalaufgang eines Kaufhauses in den Abstellraum im Dachgeschoss. Dort richtet sie sich hinter leeren Kisten und Kartons häuslich ein. Abends lässt sie sich einschließen, und wenn alles ruhig ist und der Wächter seine Runde gemacht hat, besorgt sie sich aus der Lebensmittelabteilung zu essen.

In der Nacht geht Wanda durch die verschiedenen Abteilungen des Kaufhauses. Ihr Weg wird beleuchtet von Tannenbäumen, deren elektrische Kerzen die ganze Nacht über brennen. Sie probiert einen Pelzmantel an und träumt dabei vor dem Spiegel von einer Welt des Glücks. Dann hängt sie den Mantel vorsichtig wieder in den Glasschrank zurück.

Während sie in den folgenden Nächten vorsichtig durch die Etagen des Kaufhauses geht, fällt ihr Blick auf die vollen Regale und die langen Reihen der Kleider, Blusen und Mäntel. Mitten durch den Reichtum, der sie fast erdrückt, der so greifbar nahe scheint und doch so unerreichbar fern ist, geht sie – ein scheuer, einsamer und unglücklicher Mensch.

Um die Einsamkeit zu überwinden, hält sich Wanda in ihrem Versteck einen Hamster, den ihr ein mitleidiger Verkäufer in einer Zoohandlung geschenkt hat. Mit hingebungsvoller Liebe pflegt sie das niedliche Tier. Sie streichelt es und erzählt ihm den ganzen Jammer ihres Herzens.

Inzwischen ist der Heilige Abend angebrochen. Das Gedränge der mit Paketen beladenen Menschen hat seinen Höhepunkt erreicht. Aus allen Lautsprechern dröhnen Weihnachtslieder.

Aber Wanda entflieht – innerlich aufgewühlt – diesem Rummel und eilt in ihr Versteck. Sie will ihren Hamster streicheln, aber – o Schreck – ihr kleiner Freund liegt steif und tot in seinem kleinen Käfig!

Zunächst ist Wanda von der schmerzlichen Verlassenheit wie betäubt. Lange sitzt sie da und wartet, bis das Kaufhaus seine Tore geschlossen und der Wachmann seine Runde gemacht hat.

Dann nimmt sie ihren toten Freund und geht in die Spielwarenabteilung des Kaufhauses. Sie holt sich vorsichtig eine Puppe, setzt sich unter den erleuchteten Tannenbaum und streichelt abwechselnd ihren Hamster und die Puppe. Ein herzzerreißendes Schluchzen erschüttert ihren zarten Körper. So sehr ist sie in ihre Trauer versunken, dass sie nichts hört und sieht.

Plötzlich steht der Wachmann hinter ihr. Er betrachtet sie eine Weile und denkt dabei mit tiefem Schmerz an seine eigene Tochter, die – etwa gleich alt – vor einem Jahr durch einen Autounfall aus dem Leben gerissen wurde.

Vorsichtig nähert er sich dem Mädchen und

spricht es freundlich an: »Wer bist du? Wo kommst du denn her …?«

Wanda schaut den freundlichen, älteren Herrn an und fasst sofort Vertrauen. Unter Schluchzen bricht es aus ihr heraus und sie erzählt dem Unbekannten ihre traurige Lebensgeschichte.

Sie reden lange, und allmählich beruhigt Wanda sich, und ihre Tränen versiegen. Dann nimmt der Wachmann aus seiner Brieftasche fünfzig Mark, gibt sie dem Mädchen und sagt: »Kauf dir einen neuen Hamster.« Und während er sich anschickt zu gehen, meint er: »Noch zwei Dinge. Erstens: trotz allem ›Frohe Weihnacht!‹ Und zweitens: Ich habe dich nicht gesehen.« Er lächelt. »Heute ist schließlich Weihnachten!«

Kindliches Missverständnis

Die Eltern der kleinen Birgit mussten für einige Tage verreisen, und so kam die Fünfjährige zur Oma, die sich sehr auf ihre Enkelin freute. Da es in der Adventszeit war, ging sie mit dem Mädchen auf den Weihnachtsmarkt. Mit großer Begeisterung fuhr Birgit Karussell, verzehrte eine große Bratwurst und durfte dann dem Kasperletheater zuschauen.

Am Sonntag nahm die Oma das Kind mit in den Gottesdienst der Stadtkirche. Zum Leidwesen der alten Frau hielten ihre Kinder wenig vom Glauben, so dass Birgit zum ersten Mal in ihrem Leben an einem Gottesdienst teilnahm.

Da die Oma schwerhörig war, saß sie – wie immer – auf einer der ersten Bänke unter der hohen Kanzel. Für Birgit war alles fremd und neu. Lange beobachtete sie den Adventskranz, dann schaute sie zur Kanzel hinauf.

Der Pastor war ein temperamentvoller Mann. Er sprach laut und deutlich und hatte eine recht theatralische Art zu predigen. Als die Predigt ihrem Ende zustrebte, streckte er die Arme aus, ballte die Fäuste wie ein Gerichtsprophet und kündete drohendes Unheil an. Dann aber breitete er die Arme weit aus, um die einladende Liebe des guten Hirten zu demonstrieren. Mit einem zweifachen »Amen! Amen!« beschloss er seine Predigt.

Erschöpft hingen seine Arme über der Kanzelbrüstung, die Augen waren geschlossen, das Haupt demütig geneigt.

Er wusste, wie gut diese Pose auf die Zuhörer wirkte, darum verharrte er einige Augenblicke in dieser Haltung.

Aber das hätte er nicht tun sollen, denn die kleine Birgit, die ja wenig von dem Inhalt der Predigt verstanden hatte, war umso aufmerksamer den Bewegungen des geistlichen Herrn gefolgt.

Als sie ihn nun so unbeweglich dort stehen sah, stieß sie ihre Oma an und rief erschrocken in die Stille der Kirche hinein: »Oma! Nun ist der Kasper tot!«

Die Weihnachtspredigt

Als der spätere Hauptpastor von St. Michaelis in Hamburg, Behrmann, noch Student der Theologie in Halle war, rieten ihm seine Freunde davon ab, Pastor zu werden. Denn er sprach sehr leise und hatte die unschöne Angewohnheit, seine Sätze unvollendet zu lassen. Wie sollte er sich entscheiden?

Da bot sich ihm die Gelegenheit, in dem kleinen Flecken Trotha bei Halle seine erste Predigt zu halten, und zwar eine Weihnachtspredigt.

So machte sich der Student im vierten Semester fleißig an die Arbeit. Als dann die Predigt fertig war, legte er sie pflichtgemäß dem Superintendenten Dryander vor. Dieser befürchtete zwar, dass sie für eine Landgemeinde zu gelehrt sei, aber – edle Volkstümlichkeit lässt sich nicht aus dem Ärmel schütteln.

So schlichen die Tage vor dem Fest nur langsam dahin.

Am Heiligen Abend war der Student Gast im Hause seines Professors Tholuck. Hier durfte er an der Bescherung teilnehmen, und es war für ihn ein freudiges Ereignis. Aber die bevorstehende Weihnachtspredigt lag auch an diesem Abend wie eine schwere Last auf ihm. Würde sie gelingen und damit seinen Weg bestätigen? Oder...?

Am nächsten Morgen wachte er schon früh um vier Uhr auf. Mit dem Gedanken an den Gottesdienst war er abends eingeschlafen. Und mit dem Gedanken daran stand er nun auf.

Er aß wenig und machte sich rechtzeitig auf den Weg. Die winterliche Landschaft und die frische Luft taten ihm gut. Immer wieder schickte er Stoßseufzer zum grau verhangenen Himmel empor.

Mit beklommenem Herzen saß er viel zu früh in der ungeheizten Sakristei. Halblaut sagte er den Text der Predigt vor sich her. Ihm war elend zumute. »Sind Sie krank?«, fragte ihn der Küster, der die Lieder wissen wollte. Er aber schüttelte nur stumm den Kopf.

Während die Menschen in die Kirche strömten, klangen vom Turm die letzten Töne des Glockengeläuts.

Es war so weit. Ein letztes »Herr, hilf!« – und er trat durch die kleine Tür in die Kirche.

Mit langsamen, wankenden Schritten ging er zum Altar. Als Nächstes musste er die Eingangsliturgie sprechen:

Unsere Hilfe steht bei dem Herrn,
der Himmel und Erde gemacht hat.

Mit zitternder Stimme und bebendem Herzen begann er zu sprechen. Aber – was war das?

Mitten im Satz war es ihm, als ob sich eine Tür öffne, durch die der helle Glanz einer großen Freude auf ihn fiel. Mit einem Mal war alle Angst verschwunden.

Seine Stimme wurde lauter und stärker, als er sie je gekannt hatte. Und als er schließlich mit der Gemeinde in den weihnachtlichen Choral einstimmte, zog ein tiefer Friede in sein Herz.

So konnte er die Kanzel ohne Furcht besteigen. Langsam und laut begann er seine Predigt. Die Aufmerksamkeit der Zuhörer war für ihn ein Zeichen, dass er verstanden wurde. Das wiederum beflügelte seine Freude.

Einige seiner Freunde, die über Weihnachten in Halle geblieben waren, hatten heimlich beschlossen, Zeugen seines Predigtversuchs zu sein. Ohne Behrmanns Wissen betraten sie das Gotteshaus und verbargen sich hinter der Orgel.

Als nun aber die Predigt so gut verlief, als jeder Satz richtig zu Ende gebracht wurde, als der Redner seine Stimme wie eine Posaune erhob, streckte einer nach dem andern seinen Kopf hinter der Orgel hervor, um sich zu überzeugen, dass er es tatsächlich war.

Als nun auch noch ein wohlbeleibter Bäcker gleich rechts von der Kanzel sich Tränen aus den Augen wischte, stieg von Stund an Behrmanns Ansehen bei den Studenten.

Nach diesem Weihnachtstag rühmte man ihn als den, bei dessen Predigt der dicke Bäcker von Trotha geweint habe.

Unser Prediger aber blieb demütig, denn er wusste, wem er den »Erfolg« zu verdanken hatte. Nun war er sich seines Weges gewiss.

Der Götze

Es war vor Jahrzehnten undenkbar, dass man in den schlichten Kapellen unserer ostfriesischen Gemeinden ein Kreuz, eine Kerze oder zur Weihnachtszeit gar Adventskranz oder Tannenbaum finden könnte.

Wie ein Tannenbaum, dieses Symbol festlicher Freude, einmal zu einem Ärgernis wurde, will ich hier berichten.

Ich war damals Pastor einer traditionsreichen ostfriesischen Gemeinde. Um niemanden zu ärgern, verzichtete ich – wenn auch schweren Herzens – auf Adventskranz und Tannenbaum in der Kapelle.

Freilich hatten sich zu dieser Zeit die Ansichten schon ein wenig gewandelt. Wohl auf Drängen der jungen Generation gestattete man inzwischen bei der Weihnachtsfeier der Sonntagsschule einen Tannenbaum. Allerdings hatte der Verantwortliche sorgfältig darauf zu achten, dass der Baum die Kapelle nur zur Kinderfeier schmückte.

So war denn jener denkwürdige Weihnachtstag angebrochen, von dem ich erzählen will. Auf dem Programm stand: Am Vormittag der Festgottesdienst – ohne Baum, versteht sich – und am Nachmittag die Feier für die Kinder – mit Baum, der geschmückt im Nebenraum wartete.

In festlicher Hochstimmung, bekleidet mit makellosem schwarzem Anzug und silbergrauer Krawatte, Bibel und Gesangbuch in der Hand, betrat ich am Weihnachtsmorgen voller Freude auf den Gottesdienst den Vorraum der Kapelle. Feierliche Posaunenklänge schallten mir entgegen.

Gerade wollte ich die Pendeltür zum Hauptraum öffnen, da kam plötzlich der Diakon auf mich zu gestürzt, stellte sich mir in den Weg und legte seine Hand auf meine Schulter. Man merkte ihm seine Erregung auf den ersten Blick an. Sein Gesicht, von Wind und Wetter gegerbt, war noch mehr gerötet als sonst.

»Was ist geschehen?«, fragte ich erschrocken, jählings aus aller Festtagsstimmung gerissen.

»De Götze . . .!«, stammelte er.

Ich schaute ihn verständnislos an.

»De Götze mut dor rut!«

»Was für ein Götze?«, fragte ich, immer noch Hochdeutsch sprechend.

»De Dannenboom steiht dor! De Dannenboom mut rut!«

Jetzt erst begriff ich langsam. Ein Tannenbaum stand in der Kapelle! Aber wie kam der »Götze« in das Gotteshaus?

»Smiet em rut!«, wiederholte der empörte Diakon.

»Smiet *du* em doch rut!«, antwortete ich, jetzt ebenfalls auf Plattdeutsch.

»Nee, do ick nich!«, sagte er.

»Ick ook nich!«, antwortete ich und fügte hinzu: »Dann lot em stohn!«

Damit war der Auftritt im Kapellenvorraum beendet.

Während ich durch den Mittelgang zur Kanzel schritt, versuchte ich, langsam wieder Fassung und Würde zu gewinnen.

Als wir dann mit Chor und Gemeinde im Wechsel die schönen alten Weihnachtslieder sangen, brach allmählich die Festfreude bei mir durch. So feierten wir Weihnachten – zum ersten Mal mit einem großen Tannenbaum neben der Kanzel.

Doch wo war mein Diakon? Beim Einsammeln der Kollekte erschien ein anderer für ihn. War er nach Hause gegangen? Nein! Er war geblieben. Allerdings hatte er sich auf der Empore so hinter die

Orgel gesetzt, dass er den »Götzen« nicht [illegible]hau-
en musste.

Aber wie war es eigentlich zu diesem [illegible]
fall« gekommen?

Zu unserer Gemeinde gehörte ein [illegible]
gemeinde mit kleiner Kapelle und eine[illegible]
Sonntagsschule von über einhundert Kind[illegible]
hatten ihr Sonntagsschulweihnachtsfest a[illegible]
vorher in unserer Kapelle gefeiert und der [illegible]
stehen lassen, weil sie meinten, die Sonntag[illegible]e
der Hauptgemeinde könne ihn ja am nächsten [illegible]ag
auch benutzen.

Der bei uns verantwortliche Bruder, der den Baum zwischenzeitlich hinausstellen sollte, wusste davon jedoch nichts, weil man vergessen hatte, ihn zu benachrichtigen. Und da er an diesem Vormittag ganz gegen seine Gewohnheit sehr spät zum Gottesdienst erschien – ein Platten an seinem Fahrrad hatte ihn aufgehalten –, wurde er vor vollendete Tatsachen gestellt. So musste eine Verkettung unglückseliger Geschehnisse dazu dienen, dass die Gemeinde Weihnachten unter einem Christbaum feierte.

Diese Geschichte hatte dann noch ein zweifaches Nachspiel.

Im Silvester- und im Neujahrsgottesdienst fehlte unser Diakon. Als ich seinen Schwiegersohn an der Kapellentür fragte: »Wo ist Vater? Ist er krank?«, antwortete er augenzwinkernd: »He hätt Malheur hat!«

»Ist er bei dem Glatteis gefallen?«

»Nee, he hätt sick stött!«

»Gestoßen?«

»Ja, ann Dannenboom!«

Erst ein Hausbesuch konnte die Angelegenheit wieder aus der Welt schaffen.

Die zweite Folge dieses Ereignisses war, dass in der nächsten Vorstandssitzung über den Tannenbaum verhandelt wurde. Und – man höre und staune – man beschloss, fortan bei allen Weihnachtsfeiern einen Baum aufzustellen. Das ausschlaggebende Argument, das alle überzeugt und umgestimmt hatte, kam von unserem Tierarzt: »Wenn der Baum für uns nicht gut ist, ist er auch für unsere Kinder nicht gut. Ist er aber für unsere Kinder gut, dann ist er es auch für die Gemeinde!«

Oma ist ein Weihnachtsengel

Wie in jedem Jahr besucht Oma zu Weihnachten ihren Sohn und dessen Familie. Ihr Sohn ist Pastor in einer Landgemeinde. Wie immer bringt sie vier große Pakete mit. Eines davon ist für ihren Sohn, auf den sie so stolz ist, ein weiteres für dessen Frau, mit der sie sich gut versteht. Das dritte und vierte Paket sind für die Enkelin Gunda – zwölf Jahre alt – und den fünfjährigen Remmert.

Nach dem gemeinsam besuchten Weihnachtsgottesdienst setzen sich alle zusammen und die Familien-Weihnachtsfeier kann beginnen. Die Kerzen am Tannenbaum werden angezündet. Vater liest die Weihnachtsgeschichte und Mutter spielt mit den Kindern auf den Blockflöten ein Weihnachtslied. Oma lässt es sich nicht nehmen, wie in jedem Jahr ein Weihnachtsgedicht aus ihrer Kinderzeit vorzutragen.

Und dann ist es endlich Zeit für die lang ersehnte Bescherung. Gunda bekommt eine große Puppe mit echtem Haar und Schlafaugen. Zunächst ist das Kind sprachlos vor Glück. Aber dann ruft sie überrascht und erfreut: »Ach, Oma, du bist ein Engel!« Stürmisch umarmt sie die Oma.

Die aber wehrt ab: »Vorsicht! Mein Rücken tut mir weh!«

Der fünfjährige Remmert steht daneben und fragt mitleidig: »Oma, wo tut's denn weh?«

Oma zeigt ihm die Stelle: »Hier, zwischen den Schulterblättern!«

Remmert denkt einen Augenblick nach. Dann sagt er altklug: »Das macht doch nichts! Da wachsen dir sicher schon die Flügel!«

Frohes Fest, Tippelbruder!

Niemand kannte seinen richtigen Namen. Er hieß einfach »der Tippelbruder«. Und er nahm das den Leuten nicht übel, weil er merkte, dass es nicht böse gemeint war. Die drei Dörfer im Tal waren sein Revier.

Sommertags half er für eine warme Mahlzeit hier und da den Bauern bei der Arbeit. Aber lange hielt es ihn nirgends. Nach ein paar Tagen trieb ihn die Unruhe weiter.

Im Winter ging dieser wortkarge Mann von Tür zu Tür. Ohne ein Wort zu sagen, hielt er die Hand auf und schaute die Leute mit seinen wässerigen Trinkeraugen freundlich an. Und jedermann gab ihm etwas. Die meisten schenkten ihm Lebensmittel, da sie wussten, dass jegliches Geld, das sie ihm gaben, sich schnell in Branntwein verwandeln würde.

Während er im Sommer heimlich in Scheunen auf dem Feld schlief, war ihm im Winter ein Platz im warmen Stall bei den Tieren hoch willkommen. Doch nur wenige Bauern gewährten ihm Unterschlupf, seit er vor Jahren im betrunkenen Zustand im Stroh eine Zigarette geraucht und so fast einen Brand verursacht hatte.

Im letzten Haus am Ende des Bergdorfes wohnte der alte Lehrer. Er war Witwer und lebte seit Jahren allein. Seinen Schuldienst hatte er längst einem Jüngeren überlassen. Aber die Orgel in der Dorfkirche spielte er noch jeden Sonntag.

Es war in der Woche vor Weihnachten. Den ganzen Tag über hatte es geschneit. Gegen Abend, der früh hereinbrach, erhob sich ein kalter Ostwind. Etwa zur Abendbrotzeit klopfte es an die Haustür des alten Dorfschulmeisters. Als er, verwundert über einen so späten Gast, die Tür öffnete, riss ihm der Sturm die Klinke aus der Hand und fegte Schnee in den Flur.

Draußen stand in Nacht und Kälte der Tippelbruder und hielt ihm wortlos seine leeren Hände entgegen.

»Komm herein, Tippelbruder«, sagte der alte Herr freundlich. »Warte hier«, fügte er hinzu, als der Tippelbruder in der Diele stand, und ging in die Küche, um einige Lebensmittel in eine wetterfeste Tüte zu packen.

Während er Brot und Wurst zusammensuchte, dachte er einen Augenblick an die Dachbodenkammer. Dort stand ein leeres, frisch bezogenes Bett. Der Besuch, für den die Kammer zum Fest hergerichtet worden war, hatte abgesagt.

Sollte er ...? Aber dann bemerkte er durch die offene Küchentür hindurch, wie stark der Tippelbruder nach Branntwein roch. Und wer wollte ihm zumuten, einem dreckigen oder gar verlausten Vagabunden Herberge zu geben? So reichte er dem Wartenden das Paket und wünschte: »Frohes Fest, Tippelbruder!«

Der Tippelbruder verabschiedete sich aber nicht sofort, wie es sonst seine Art war. Schweigend blieb er einige Augenblicke stehen, so als ob er ein Anliegen vorbringen wolle.

»Ist noch was?«, fragte der Lehrer. Mit einem Ruck drehte sich der Tippelbruder um und ging ohne ein Wort hastig die Treppenstufen hinab. »Nochmals frohes Fest!«, rief ihm der Lehrer nach, bevor er schnell die Tür schloss, um in die wohlige Wärme seines Hauses zurückzukehren.

Das geschah am Dienstagabend.

Am Freitag war Heiliger Abend. Wie in jedem Jahr füllte eine festliche Gemeinde die kleine Dorfkirche bis auf den letzten Platz. Beim Schein der flackernden Kerzen erklangen fröhlich die altvertrauten Weihnachtslieder. Unserem Dorfschulmeister gelang es, selbst der asthmatischen Orgel jubelnde Akkorde zu entlocken.

Bei den Bekanntmachungen am Schluss des Gottesdienstes teilte der Pastor der Gemeinde mit, dass Friedhelm Moll – »Ihr kennt ihn ja wohl besser als den Tippelbruder«, fügte er erklärend hinzu – gestorben sei und am Tag nach Weihnachten von ihm, dem Pastor, beerdigt werde. Man habe ihn am Mittwoch früh am Wegrand vor dem Dorf erfroren aufgefunden.

Das Unglück war in der Nacht davor passiert. Dienstagnacht.

Der arme Opi

Der Berliner Hofprediger Johannes Kessler erzählt in seinen Erinnerungen von einer Christmette, die er in der Berliner Lukaskirche zu halten hatte.

Zu diesem Fest sollte auch seine vierjährige Enkelin mitkommen.

Es war das erste Mal, dass das Kind an einem Gottesdienst teilnahm.

An der Hand der Mutter und Großmutter betrat das kleine Mädchen die geschmückte Kirche. Was gab es da doch alles zu sehen und zu hören! Zwei riesige Christbäume mit ihrem funkelnden Lichtermeer! Eine kunstvolle Weihnachtskrippe!

Das Kind war sprachlos.

Und das Erstaunen steigerte sich, als Chor und Gemeinde die schönen alten Weihnachtslieder anstimmten.

Als aber dann Johannes Kessler die Kanzel betrat und wohl etwas laut sprach und lebhaft gestikulierend seine Arme bewegte, fing die Kleine plötzlich bitterlich zu weinen an.

Die Mutter fragte leise: »Aber warum weinst du denn?«

Darauf schluchzte das Kind: »Opi möchte aus der Kiste raus und keiner hilft ihm!«

Der helle Schein

Zwischen Leer und Aurich in Ostfriesland, ein wenig abseits von der großen Verbindungsstraße, liegt der kleine Ort Strackholt. Hier wählte die evangelische Kirchengemeinde 1877 den jungen Remmer Janssen einstimmig zum Pastor.

Durch seine vollmächtige und zugleich volkstümliche Verkündigung wurde eine tief greifende Erweckung ausgelöst, und in der neu belebten Gemeinde entstanden Posaunenchor, Kirchenchor, Jugendgruppen und Hauskreise. Aus der Kirche wurden die Platz raubenden Kirchenbänke entfernt, damit die sonntäglichen eintausend und mehr Gottesdienstbesucher Platz fanden. Zu den von Janssen eingeführten jährlichen Missionsfesten kamen sogar mehr als dreitausend Menschen. In blumengeschmückten Kutsch- und Ackerwagen kamen sie von nah und fern herbei.

Freilich waren nicht alle glücklich über den beliebten Pastor. Drei junge Männer, die sich durch Janssens Predigt persönlich bloßgestellt glaubten, beschlossen, ihm im Dunkeln aufzulauern und ihm eine Tracht Prügel zu verabreichen. Und sie wussten auch, wann und wo dies geschehen sollte.

Im Nachbarort gab es einen Hauskreis von alten Leuten, wo Janssen am zweiten Weihnachtstag eine Weihnachtsfeier hielt. Es war bereits spät am Abend, als er sich auf den Heimweg machte. Der Mond hatte sich hinter dunklen Wolken versteckt, und weit und breit kein Mensch auf dem einsamen Weg.

Die drei Schläger lagen, mit Stöcken bewaffnet, auf der Lauer. Ahnungslos kam Janssen daher. Schon wollten die drei mit erhobenen Stöcken auf ihn losgehen, da ließen sie plötzlich ihre Arme sinken und blieben – vor Schreck erstarrt – im Verborgenen.

Am nächsten Tag suchten sie Janssen auf, stammelten, immer noch ganz durcheinander, eine Entschuldigung und fragten, was für ein Licht das gewesen sei, das am vergangenen Abend um ihn gestrahlt hätte.

Ein leichtes Schmunzeln verbergend fragte Janssen: »Also, ihr wolltet mich verprügeln?«

Beschämt nickten sie. Dann wurde der Pastor ganz ernst und fragte weiter: »Und ihr habt ein Licht gesehen?«

Jawohl, von seinen Schultern sei, wie sie einhellig versicherten, ein heller Lichtglanz ausgegangen, der sie erschreckt und zugleich ernüchtert hätte. Und mit Tränen in den Augen baten sie um Verzeihung.

Janssen schaute sie nachdenklich an. Dann sagte er: »In der Bibel steht: ›Der Engel des Herrn lagert sich um die her, die ihn fürchten!‹ Glaubt ihr auch, dass mich ein Engel beschützt hat?«

Betroffen nickten sie.

Dann redete er ihnen ernst ins Gewissen und sprach von der vergebenden Liebe Gottes.

Schließlich kniete er mit ihnen nieder und betete für sie. Von da an besuchten die drei regelmäßig die Gottesdienste und wurden Freunde ihres Pastors.

Sieh doch, ein Stern!

Weil meine Kinder übers Wochenende verreisen mussten, brachten sie den fünfjährigen Daniel zu mir. Es war nach dem Tod meiner Frau das erste Mal, dass Daniel über Nacht bei seinem Opa blieb.

Es verlief alles gut, nur mit dem Einschlafen war es so eine Sache. Eltern sind da wohl energischer als Großväter. Und die ungewohnte Umgebung trug mit dazu bei, dass Daniel nicht müde wurde.

Nachdem wir gemeinsam den Adventskranz mit bunten Kugeln und Kerzen geschmückt hatten, schauten wir beide aus dem Fenster. Es war mittlerweile ganz dunkel geworden. Schwarze Wolken jagten über den Nachthimmel.

»Sie sehen wie wilde Pferde aus!«, meinte Daniel. Mit einem Mal kam ein Stückchen Himmel zwischen den Wolken zum Vorschein.

»Opa! Opa!«, rief Daniel ganz aufgeregt. »Opa! Sieh doch, ein Stern!« Und nach einigen Augenblicken: »Noch einer … noch einer!«

Doch dann jagten neue Wolkenpferde heran und verdeckten die Sterne.

Allmählich überkam den Jungen dann doch die Müdigkeit. Ich brachte ihn ins Bett und Daniel schlief ein.

Ich selbst aber konnte noch lange nicht schlafen. Wenn man nach zweiundvierzig gemeinsamen Ehejahren die Weggefährtin durch den Tod verloren hat, ist das Leben ein halbiertes Leben – trotz aller Fürsorge der Kinder und der Freude am Enkel. Immer wieder schmerzen die kaum verheilten Wunden. Und dann sieht das Leben wie der Nachthimmel aus: Da ist das Dunkel des Leides und da sind die Sorgen wie jagende Wolken.

Aber was die müden Augen des Großvaters nicht sahen, hatten die scharfen Kinderaugen entdeckt: den Stern, den leuchtenden Stern am nachtdunklen Himmel. Und noch einen, noch einen ...

Und obwohl ich die Augen geschlossen hatte, sah ich ihn jetzt auch, diesen Boten des Himmels, der leuchtete wie das Fenster einer lichten Heimat. War dieses Leuchten nicht wie ein Blinken und Winken von oben? Und mitten in aller Traurigkeit und Einsamkeit kam mir die tröstliche Gewissheit: Sie, die Gott dir genommen hat, ist nur vorausgegangen. Sie weilt in Gottes lichter Herrlichkeit. Sie ist am Ziel. Ich bin noch unterwegs. Sie grüßt und wartet.

Danke, Daniel, dass du mir den Stern gezeigt hast.

Der Martini-Beutel

Als ich 1946 Pastor in Südgeorgsfehn wurde, gab es in diesem kleinen ostfriesischen Moordorf noch die schöne alte Sitte, jedes Jahr am zehnten November, dem Geburtstag von Martin Luther, das Martini-Fest zu feiern. Und es war ein Fest für alle Kinder des Ortes, ganz gleich, ob sie nun evangelisch, evangelisch-freikirchlich oder katholisch waren.

Wenn es am Martini-Tag nachmittags zu dämmern begann, zogen die Kinder in Gruppen, mit brennenden Laternen und einem Beutel in der Hand, von Haus zu Haus. Sie sangen das Lutherlied »Ein feste Burg ist unser Gott« oder – oft mehr schlecht als recht – ein Laternenlied in plattdeutscher Sprache.

Nach der ersten Liedstrophe öffneten sich die Türen und die Hausfrauen gaben den Kindern Äpfel, selbstgebackene Kekse oder andere Süßigkeiten, die mit einem schnellen »Danke!« im Martini-Beutel verschwanden.

Auch unsere Tochter Gunda, die fünf Jahre alt war, wollte natürlich unbedingt dabei sein. Sie konnte ja auch schon ein Laternenlied singen. Außerdem bekam man Äpfel und Süßigkeiten – und welches Kind verlangte in jener armen Zeit nicht nach solch seltenen Kostbarkeiten!

Um Gundas Wunsch zu erfüllen, trafen wir die nötigen Vorbereitungen. Wir baten ein paar ältere

Nachbarskinder, Gunda mitzunehmen. Die Wege waren gefährlich, weil tiefe Gräben das Dorf durchzogen. Aber woher einen Beutel nehmen, wie ihn die anderen Kinder alle besaßen?

Oma wusste wie immer Rat. Sie nähte aus Stoffresten einen wunderschönen bunten Martini-Beutel, groß genug, um viele Gaben aufzunehmen. Am oberen Ende wurde eine Kordel befestigt, so dass man ihn zuziehen und um den Hals hängen konnte.

Und dann war es endlich soweit. Die Nachbarskinder erschienen mit brennenden Laternen. Mutter zog ihre Tochter warm an. Oma hängte ihr den Beutel um und Vater zündete die Kerze in der Laterne an. Glücklicherweise war es ein windstiller Spätnachmittag, so dass die Laternen der Kinder nicht so leicht auswehen oder gar aufbrennen konnten.

Und dann zogen sie los. Gunda sang an allen Türen kräftig mit und steckte die guten Gaben freudestrahlend in ihren neuen Martini-Beutel.

Als die Kinder Gunda zurückbrachten, war es schon ganz dunkel. Noch bevor sie den Mantel auszog, nahm sie den Beutel vom Hals, um die vielen guten Sachen auf den Tisch zu schütten. Aber was war das? Der Beutel war fast leer! Und trotz eifrigen Schüttelns lag nur ein erbärmlich kleiner Haufen auf dem Küchentisch.

Wie konnte das geschehen? »Ich habe unterwegs bestimmt nichts vergessen«, beteuerte das erschrockene Kind.

Meine Mutter untersuchte den Beutel genauer und stellte fest: »Er hat ja ein faustgroßes Loch!«

Die Frage war nur, wie das Loch in den neuen Beutel gekommen war. Schließlich fand Oma die Ursache: »Die Nähmaschine hat bei einem Teil der unteren Naht ausgesetzt!« Und durch dieses Loch hatte die eifrige Martini-Sängerin die meisten Süßigkeiten unterwegs verloren.

Die Kleine weinte bitterlich. Erst als einige der Nachbarskinder Gunda etwas von ihren eigenen Sachen abgaben, versiegten allmählich die Tränen.

Ich denke, dass es uns manchmal wie der kleinen Martini-Sängerin ergeht. Auch wir klopfen an manche Tür und werden beschenkt – durch Menschen, denen wir begegnen oder die uns ein Stück unseres Weges begleiten. Durch Ereignisse, die irgendwie unser Leben bereichern. Wir erreichen beruflich ein gestecktes Ziel und sind – abgesehen von kleinen Wehwehchen – gesund.

Doch dann, fürchte ich, trifft das Missgeschick der kleinen Gunda hin und wieder auch uns. Ist es nicht so, als hätte unser Gedächtnis ein Loch, durch das wir alle diese Wohltaten unterwegs verlieren? Über den Misserfolgen und Unglücksfällen, die uns widerfahren, vergessen wir, was Gott uns Gutes getan hat.

Darum ist es heilsam, dass wir uns erinnern lassen: »Vergiss nicht, was er dir Gutes getan hat!« (Psalm 103, Vers 2)

Der dritte Wirt

Es ist in der Weihnachtszeit. Im Waisenhaus übt eine der Ordensschwestern mit den älteren Kindern ein Krippenspiel ein.

Es beginnt damit, dass Maria und Josef eine Herberge suchen. Josef hat einen langen Wanderstab in der Hand. Maria trägt ein großes Umschlagetuch, das über ihre Schultern gelegt ist.

Müde wandern sie durch die Straßen von Bethlehem. »Wo werde ich ein Plätzchen finden, um der Welt den Heiland zu schenken?«, fragt Maria bange.

»Gott wird uns den Weg weisen!«, antwortet Josef zuversichtlich.

Da! Endlich eine Herberge.

Joseph klopft an die Tür.

Der Wirt öffnet sie nur einen Spalt und bedauert: »Tut mir Leid! Bin bis unters Dach belegt!« – und die Tür schließt sich.

Weiter geht die Suche nach einer Unterkunft. Endlich ist die nächste erreicht.

Diesmal klopft Maria. Als der Wirt das Fenster öffnet, ruft Maria: »Gebt uns Raum! Es ist dringend, denn ich erwarte ein Kind!«

»Das hat mir gerade noch gefehlt! Macht, dass ihr fortkommt!«, antwortet der herzlose Wirt.

Der kleine Fritz hat bis jetzt still zugeschaut. Doch plötzlich fängt er laut an zu weinen.

»Was hast du denn?«, fragt die Schwester und unterbricht das Spiel.

»Das ist furchtbar!«, schluchzt er, »die Wirte sind so böse!«

»Ja, aber so war das damals!«, entgegnet die Schwester.

Um ihn zu trösten, fragt sie: »Willst du nicht mitspielen und einer der Schafhirten sein?«

»Ja, mitspielen will ich, aber ich möchte ein Wirt sein!«

Die Schwester wundert sich, dass Fritz ausgerechnet die Rolle eines hartherzigen Wirtes gewählt hat, stimmt aber zu: »Gut, dann bist du der dritte Wirt, der Maria und Joseph abweist.«

Die Herbergssuche wird wiederholt. Der erste Wirt bedauert, dass er keinen Platz hat, der zweite jagt Maria und Josef böse davon.

Jetzt ist Fritz, der dritte Wirt, an der Reihe, um die beiden Bittsteller ebenfalls fortzuschicken.

Doch es kommt anders. Josef hat seine Bitte noch nicht ganz ausgesprochen, da reißt der Wirt seine Tür weit auf und ruft laut: »Kommt schnell! Ich lass euch rein!«

Und wir? Verschließen wir unser Herz? Lasst uns die Tür weit auftun und beten: »Komm, o mein Heiland, Jesus Christ, mein's Herzens Tür dir offen ist!«

Daniel, der Posaunenengel

Dass die weihnachtliche Zeit hereingebrochen ist, merkt man auch in dem kleinen westfälischen Städtchen. Auf dem von malerischen Fachwerkhäusern eingerahmten Marktplatz sind Verkaufsbuden und Karussells aufgebaut: Der Weihnachtsmarkt hat begonnen.

Als Daniels Vater einen Besuch des Weihnachtsmarktes plant, um darüber einen Bericht für die Zeitung zu schreiben, bettelt Daniel: »Nimm mich mit!« Und er ist überglücklich, als es ihm erlaubt wird.

Mit großen Augen geht er an der Hand seines Vaters durch das Gedränge der vielen Menschen und staunt über die bunte Weihnachtswelt, die ihn umgibt. Da! Mitten zwischen Lebkuchenherzen und Rauschgoldengeln liegt eine große blanke Spielzeugtrompete! Die hat es ihm besonders angetan. Er darf sie in die Hand nehmen. Und behutsam entlockt er ihr einige Töne.

»Du bist ja ein richtiger kleiner Posaunenengel!«, lacht die Verkäuferin, während sein Vater schnell ein Foto macht.

Weihnachten ist nicht nur das Fest des Kindes von Bethlehem, sondern auch das Fest der Kinder. Gibt es etwas Rührenderes, als wenn die unschuldigen Kinderaugen ins Licht der Weihnachtskerzen blicken? Haben die Kinder uns Erwachsenen nicht voraus, dass sie sich noch mit lautem Jauchzen über die Geschenke unter dem Weihnachtsbaum freuen können?

Gewiss – es bleibt wahr, was wir Pastoren jedes Jahr von der Kanzel verkündigt haben: Dass wir nicht der Gefahr erliegen dürfen, über der Hektik und dem Rummel der Äußerlichkeiten den wahren Grund der Weihnachtsfreude zu vergessen.

Andererseits aber wünschte ich mir, dass wir Erwachsenen, besonders auch alle Alten und Einsamen, die wir in diesen Wochen die Gräber unserer Lieben liebevoll mit Tannengrün zugedeckt haben – dass wir alle, angesteckt von der Weihnachtsfreude unserer Kinder und Enkel, wie Daniel die Trompete nehmen und uns einreihen in den Chor der himmlischen Jubelsänger:

Kommt, singt und klingt,
kommt, pfeift und trommt!
Halleluja, Halleluja!
Von Jesus singt und Maria.

Eine schöne Bescherung

Meine Großmutter war eine schlichte und fromme Frau. Die Gemeinde in Wandsbek, zu der sie gehörte, hatte ihren Versammlungsraum in einem alten, mit Wein bewachsenen Hause.

Als ich im Jahre 1912 in dieser Stadt geboren wurde, war Großmutter Kastellanin der Gemeinde. Sie wohnte in der Parterrewohnung neben dem Gemeindesaal, während meine Eltern ihre Wohnung in der oberen Etage hatten.

Sobald der kleine blonde Walter laufen konnte, stapfte er die Treppe hinunter zur Oma und schaute ihr beim Saubermachen der Kapelle zu, wobei er wohl auch mal einen Wassereimer umstieß. Aber vor allem entdeckte er schon im frühen Kindesalter die Kanzel – freilich damals nur als einen Ort, an dem man vorzüglich klettern und sich verstecken konnte.

So nahte die Kriegsweihnacht 1916. Wie überall begannen auch in der Gemeinde die Vorbereitungen für das Fest. Für die Beschaffung und den Schmuck des Tannenbaumes in der Kapelle war die Sonntagsschule zuständig.

Nun war es in jenen Kriegsjahren schwierig, einen großen und gut gewachsenen Tannenbaum zu beschaffen. Und er musste doch makellos sein, weil er immer direkt vor der Kanzel im Blickfeld der ganzen Gemeinde stand.

Als man endlich einen Baum in der richtigen Größe erstanden hatte, stellte der »Sonntagsschulonkel« mit Schrecken fest, dass die meisten Zweige auf der einen Seite verkrüppelt waren oder ganz fehlten.

Nun, man wusste sich zu helfen: Die magere Seite wurde einfach nach hinten, zur Kanzel, gestellt und die Lücken überdeckte man barmherzig mit langen Lamettafäden.

Am Tage vor dem Heiligen Abend war das Schmücken beendet. Diesmal war es besonders gut gelungen und so gingen die Helfer der Sonntagsschule zufrieden nach Hause. Morgen konnte gefeiert werden!

Aber sie hatten nicht mit dem Unternehmungsdrang des flachsblonden kleinen Buben aus der ersten Etage gerechnet. Wie er es gewohnt war, ging er, als er einen Augenblick unbewacht war, auf Entdeckungsreise. Mutig kletterte er auf bekanntem Weg die Treppe hinunter. Omas Tür war verschlossen. Aber – die Tür zur Kapelle ließ sich öffnen. Er ging hinein. Was gab es da zu sehen! Einen großen, mit Kerzen und bunten Kugeln geschmückten Tannenbaum! Den musste man doch aus der Nähe betrachten!

So schnell ihn seine flinken Füßchen trugen, lief er nach vorne. Zunächst stand er stumm und wie erstarrt vor so viel unbekannter Herrlichkeit. Unmöglich, all die glitzernden Dinge auf einmal wahrzunehmen. Ganz vorne hing eine leuchtend rote Kugel. Ob man sie anfassen und aus der Nähe betrachten konnte?

Die kleinen Kinderhände greifen zu, ziehen den Zweig heran und – da ist es auch schon geschehen! Der Baum, der wegen seiner ungleich verteilten

Zweige sowieso nicht auf sehr festem Fuß stand, bekommt Übergewicht, kippt um und begräbt den kleinen Jungen unter sich. Der liegt laut schreiend und zu Tode erschrocken unter pieksenden Tannennadeln und zerbrochenen Kugeln.

Inzwischen ist Oma von ihrem Einkauf zurück. Sie hört das Schreien, läuft in die Kapelle und sieht, was passiert ist.

Eine schöne Bescherung!

Einen Augenblick steht sie wie gelähmt. Dann zieht sie den Knaben unter dem Tannenbaum hervor und stellt den Baum wieder aufrecht. Der kleine Walter hat außer einigen leichten Schrammen nichts abbekommen.

Aber wie sieht der Christbaum aus! Die Kerzen umgekippt. Die Kugeln zerbrochen. Ein Bild der Verwüstung. Und morgen ist Weihnachten!

Da fängt Oma dann auch an, laut zu jammern. Und durch den leeren Kapellenraum klingt ihre klagende und vor Aufregung zitternde Stimme in unverfälschtem Hamburger Plattdeutsch: »De schööne Boom! De unartige Jung! – De schööne Boom! De unartige Jung!«

Inzwischen war auch meine Mutter dazugekommen und sie versuchte nun, zwei des Trostes Bedürftige zu trösten.

Nun, der Schaden ließ sich einigermaßen beheben. Viele Kugeln hatten glücklicherweise den Sturz unbeschädigt überstanden. Zudem fand Oma in einem

Kasten auf dem Dachboden noch Strohsterne und vergoldete Tannenzapfen. Mutter gab einen Teil ihres Weihnachtsschmucks her. Die Kerzen wurden wieder gerade gesteckt und das Lametta zurechtgehängt.

Jetzt sah man dem Baum seine »bewegte Vergangenheit« nicht mehr an.

Worüber wir später noch oft gelacht haben, war dies: Großmutter holte ein Stück ihrer Wäscheleine und band den kopflastigen Tannenbaum hinten an der Kanzel fest.

»Sicher ist sicher!«, soll sie gesagt haben.

So konnte die Gemeinde am anderen Tag dann doch noch fröhlich Weihnachten feiern.

Weihnachtsfeier im alten Ostpreußen

Vor mir liegt ein unveröffentlichtes Manuskript von Helmut Meyer, der 1911 in Lötzen geboren wurde. Er erzählt in diesen »Erinnerungen an Ostpreußen« mit schriftstellerischer Begabung die Geschichte seiner Familie. Weil nun die Meyers immer eine der tragenden Familien in den jeweiligen Gemeinden waren, berichten die Aufzeichnungen viel über das ostpreußische Gemeindeleben. So auch über eine Weihnachtsfeier der Sonntagsschule in Ragnit vor siebzig Jahren.

Für die zweihundert Kinder der Sonntagsschule in Ragnit war die Weihnachtsfeier das herrlichste Fest des Jahres.

Die Vorbereitungen dazu begannen im Hause Meyer. Dort wurden Gedichte und kleine Aufführungen ausgesucht und aufgeschrieben. Dort wurden aber auch die »bunten Tüten« gefüllt. Ihr Inhalt bestand aus Äpfeln, Nüssen, Pfefferkuchen und zahlreichen Bonbons.

Dass für die zuschauenden Kinder der Familie Meyer dabei etwas abfiel, ist wohl selbstverständlich. Außerdem bekam jedes Kind ein Buch, dessen Wert sich nach der Treue im Besuch der Sonntagsschule richtete.

Dann endlich war es so weit! Am Nachmittag des ersten Festtages war die Kapelle überfüllt. Auf dem Podium rechts stand ein etwa fünf Meter hoher Tannenbaum. Das Anzünden der Kerzen wurde von den vielen Kindern mit Aufmerksamkeit verfolgt. Manche Weihnachtskerzen hatten sich nämlich derart versteckt, dass das »Anzündelicht«, das ein junger Mann an einem langen Stock befestigt hatte, immer wieder einen Anlauf nehmen musste, bis es endlich »funkte«. Jetzt strahlten sie alle und spiegelten sich wider in den glänzenden Augen der kleinen und großen Kinder.

Besondere Aufmerksamkeit fand das etwa wagenradgroße Transparent auf der Christbaumspitze. Majestätisch langsam setzte es sich in rotierende Bewegung. Immer wieder lasen wir die kreisenden Worte: »Ehre sei Gott in der Höhe.« Über dieser Botschaft wurden unsere Herzen warm. Freudig sangen wir die schönen alten Weihnachtslieder und lauschten der Botschaft von der Geburt des Heilandes.

Unter den Kindern, die ein Gedicht aufsagten, war auch Helmut. »Ich weiß noch genau«, erinnert sich der Chronist, »wie der dabei übliche Diener (Verbeugung) recht zackig und tief ausfiel.

Doch wahrscheinlich hatte ich zu tief gedienert. Als ich mich aufrichtete, war der Anfang des Gedichtes wie weggewischt. War das peinlich! Schon fingen einige an zu kichern. Das verwirrte mich noch mehr. Jemand versuchte vergeblich, im Flüsterton meinen Gedanken die richtige Weichenstellung zu geben. Es klappte nicht. Was blieb mir übrig? Ich machte eine zweite zackige Verbeugung und trat ab – mit blutrotem Kopf. Für eine Weile hatte ich von Gedichten genug!«

Nach dem Schlusslied »O du fröhliche ...« pilgerten alle fröhlich heimwärts, die Tüte und das Buch im Arm. Als wir nach draußen gingen, wirbelten dichte Schneeflocken durch die Luft.

Aufregend war auch die Heimfahrt im Pferdeschlitten. Wegen der großen Kälte wurden alle in dicke Pelze gehüllt. Munter trabend zogen die Pferde den leichten Schlitten und erfüllten die stillen Straßen mit ihrem harmonischen Glockengeläut. Ja, der ostpreußische Winter hatte seine Reize!

Wunderbar gerettet

Karsten war der Sohn gläubiger Eltern, die zu unserer Hamburger Gemeinde gehörten. Wir alle warteten darauf, dass dieser muntere Junge sein Leben dem Herrn Jesus übergeben würde. Aber als Heranwachsender wurde er schwierig und so konnten wir nur beten und hoffen.

Eines Tages überraschte er uns mit dem Entschluss, dass er zur See fahren wolle. Nun lag die Liebe zur Seefahrt schon vom Großvater her in der Familie. Folgte Karsten nur der »Stimme seines Blutes«? Oder war sein Weg eine Flucht vor dem Anspruch Gottes und dem Einfluss von Elternhaus und Gemeinde?

Nach etwa einem Jahr kam er auf Weihnachtsurlaub nach Hause und saß braungebrannt im Weihnachtsgottesdienst. Als ich ihn nach der Predigt begrüßte, kam er nach vorn, bat darum, etwas sagen zu dürfen, und erzählte:

»Unser Schiff geriet in einen Sturm. Plötzlich kam eine haushohe Welle und riss mich von Bord mitten ins tobende Meer. Ich meinte, alles sei aus und schrie zu Gott. Und da – o Wunder –, die nächste Welle warf mich aufs Schiffsdeck zurück. Ich konnte mich anklammern und war gerettet. Gott hat mit mir geredet. Jetzt gehört mein Leben dem Herrn Jesus!«

Als Karsten dies berichtete, ging eine Bewegung durch die Gemeinde. Viele hatten Freudentränen in den Augen. In einer spontanen Gebetsgemeinschaft dankten wir Gott für dieses wunderbare Weihnachtsgeschenk! Dieser Festtagsgottesdienst ist uns allen unvergesslich geblieben.

Karsten wurde später Missionar und ist heute Pastor, um zu bezeugen: »Aus Gnade seid ihr gerettet durch den Glauben« (Epheser 2, Vers 8). Aus Gnade – nach dem »Ertrinkenden« greift die Hand Gottes und reißt ihn aus dem Verderben. Durch den Glauben – aber auch der Gerettete muss zupacken und festhalten.

Windbeutel

Das christliche Kurhaus »Palmenwald« im schönen Schwarzwaldort Freudenstadt hatte viele Jahre einen unvergessenen Leiter: David Huppenbauer. Nach seiner Ausbildung am Baseler Missionshaus war Huppenbauer Missionar an der Goldküste. Wegen der Erkrankung seiner Frau musste er diese Arbeit aber aufgeben und wurde Heimatmissionar, bis er als Leiter des Kurhauses seine eigentliche Lebensaufgabe fand.

Eine besondere Auszeichnung war es, wenn der »Herr Direktor« einige Kurgäste in sein Haus an seine Tafel einlud.

Es war in der Adventszeit. Unter den geladenen Gästen, die an der mit Tannenzweigen und roten Kerzen geschmückten Tafel saßen, war auch ein junger Student der Theologie. Er fiel unangenehm auf, denn er war ein vorlauter Wichtigtuer. So verkündete er irgendwann lautstark und selbstsicher: »Der Mensch ist, was er isst!«

Huppenbauer schüttelte missbilligend den Kopf und sagte nur: »So?«

Da fügte es sich, dass es zum Nachtisch das Schlagsahnegebäck »Windbeutel« gab. Und als der Student sich mit großem Appetit bediente, meinte der Gastgeber freundlich lächelnd: »Davon haben Sie in Ihrem Leben wohl schon viele gegessen?«

Alle lachten.

Der beschämte Student aber verließ bald danach den Raum.

Nur ein Hund?

Ein russsiches Wolgadorf um das Jahr 1906. Es ist ein eisig kalter Dezembertag. Die Hütten mit ihren geschnitzten Holzverzierungen sind fast im Schnee versunken. Lautlose Stille ringsum. Nur in der Ferne Hundegebell.

Hart knirscht der Schnee in der beißenden Kälte unter den Füßen zweier Männer. Sie tragen schwere Ledertaschen, gefüllt mit Neuen Testamenten. Wer sind diese beiden Bibelboten, die den Menschen bezeugen wollen: »Euch ist heute der Heiland geboren«?

Der eine ist W. P. Marcinkowski, Student an der Petersburger Universität. Vor zwei Jahren hat er in einem Studentenkreis durch die Wegweisung des finnischen Barons Paul Nicolay eine entscheidende Christusbegegnung erlebt. Seit jener Zeit brennt sein Herz, seinen Landsleuten von Jesus zu sagen. Dazu benutzt er die Weihnachtsferien.

So hat er sich mit einem ortskundigen Freund auf den Weg gemacht. Sie nähern sich der ersten Hütte. Kaum haben sie die Haustür geöffnet, stürzt sich ein Hund mit wütendem Gebell zähnefletschend auf sie. Erschrocken springt Marcinkowski zurück. Mit Mühe gelingt es ihm, die Tür zu schließen.

Was nun? Sollen sie umkehren? Hatten sie nicht vor der Reise um offene Türen gebetet? Mutlosigkeit will das Herz des jungen Studenten beschleichen, zumal der Freund weiß, dass fast jedes Haus einen gefährlichen Hund hat. Aber im Vertrauen auf Gott gehen sie weiter.

Sie nähern sich der zweiten Hütte. Wieder empfängt sie Hundegebell. Aber sie treten ein. Plötzlich – woher, wissen sie nicht, stürzt hinter ihnen ein anderer großer grauer Hund durch das Gartentor herein. Sogleich beginnt dieser mit dem bissigen Hofhund zu spielen und lenkt damit dessen Aufmerksamkeit von den Bibelboten ab. Unbehelligt können sie nun das Haus betreten. Sie verkaufen ein Testament, schenken den Kindern ein Weihnachtsbild und legen Zeugnis von Jesus ab.

Als sie auf die Straße treten, sehen sie, dass ihr seltsamer Begleiter, der Hund, im Schnee sitzt und auf sie wartet. Unaufgefordert begleitet er die beiden. Und die ganze Zeit über verlässt er sie nicht, obwohl sie in dreißig Hütten einkehren. »Was mag das für ein Hund sein?«, fragt Marcinkowski seinen Freund. Der aber erwidert, dass niemand im Dorf diesen Hund kenne.

Und noch etwas Seltsames geschieht: Als sie am Ende des Dorfes ankommen, ist der Hund plötzlich verschwunden! Da knien beide tief bewegt nieder und danken Gott für die wunderbare Bewahrung.

Das rettende Licht

Der Schriftsteller August Winnig (1878-1956) stand als junger Mann im Bann der sozialistischen Arbeiterbewegung.

»Ich glaubte nicht und hätte doch so gern geglaubt«, schrieb er später über diese Jahre. Da geschah etwas, was ihm Hilfe zum Glauben wurde.

Damals arbeitete Winnig noch als Maurer im hohen Harz am Bau einer großen Heilstätte. Da es Heiligabend war, wurde die Arbeit mittags beendet. Es hatte zwei Tage lang geschneit, darum musste er vier Stunden für den Heimweg rechnen. Fröhlich begann er den Abstieg, denn alle warteten auf seine Heimkehr.

Zunächst ging der Weg durch eine Schneise, über der die Tannen sich fast berührten. In dieser gedämpften Helligkeit kam er gut voran. Feierliche Stille lag über den schneebedeckten Tannen im alten Hochwald.

Aber da überfielen ihn wieder die grübelnden Gedanken: »Gibt es eine verborgene Welt? Wenn ein Gott da ist, warum antwortet er nicht mit einem Zeichen? Etwa in einer Erscheinung der Gottesmutter mit dem Kind? Oder auch nur durch ein Licht, ein wunderbares Leuchten?« Er wartete, aber nichts geschah.

Nun führte sein Weg über eine Lichtung.

Drohend hingen die schwarzen Wolken am Himmel. Es roch nach Schnee und so beeilte er sich. Und wieder nahm ihn der Hochwald auf. Jetzt begann in den Wipfeln ein leises Wehen, das immer stärker wurde und zum Sturm anschwoll. Es fing an zu schneien!

Der Hochwald war zu Ende und er musste über freies Feld gehen. Auf der ganzen Weite jagte der Sturm und erfüllte alles mit wirbelndem Schnee. Der pfeifende Orkan drohte ihn umzuwerfen. Abgerissene Baumwipfel tanzten gespenstisch über die Ebene. Ein Vorhang von körnig-hartem Schnee nahm ihm jegliche Sicht. Lange kämpfte er gegen die Übermacht. Aber dann überfiel ihn lähmende Erschöpfung. Er konnte nicht mehr weiter!

In seiner Angst schrie er: »Gott, wenn du da bist, dann hilf mir!«

Im gleichen Augenblick sah er im Schneevorhang eine dunkle Stelle mit einem schwachen Licht. Er tastete sich darauf zu und stand vor der Tür einer halb im Schnee begrabenen Hütte der Holzhacker.

Mit letzter Kraft öffnete er die Tür. Und aus dem dunklen Innern leuchtete ihm ein wärmendes Feuer entgegen.

Gerettet! Er war gerettet! Gott sei Dank!

Als das Christkind mit dem Hubschrauber kam

In unserem Bauernhaus wuchs eine muntere Kinderschar heran, vier Buben und ein Mädchen. Wieder einmal stand das Weihnachtsfest vor der Tür. Wie in allen Häusern, wurden auch bei uns viele Vorbereitungen getroffen.

Ich, die Mutter, backte Kuchen, wobei unsere kleine Tochter Gudrun fleißig half. Der Vater holte mit seinen beiden ältesten Söhnen eine gut gewachsene Tanne aus dem Wald.

In jenem Jahr hatte ich mir für die Weihnachtsfeier etwas Neues ausgedacht: Die Geschenke sollten nicht in gewohnter Weise unter dem Tannenbaum liegen. Darum erzählte ich den Kindern: »Hört einmal! In diesem Jahr wird das Christkind am Heiligen Abend eine große Wanne voller Geschenke vom Himmel bringen. Und auf jedem Päckchen wird – wie bei einem richtigen Postpaket – ein Name mit eurer Adresse stehen. Und ihr dürft dann die Weihnachtspakete selbst verteilen!«

Ungläubig schauten mich die Kinder an.

»Woher weiß das Christkind denn unsere Namen?«

»Aber wie will es die große Wanne den weiten Weg vom Himmel bis hierher tragen?«

Die Fragen der Kinder verunsicherten mich ein wenig.

»Wartet ab!«, behauptete ich aber fest.

Endlich war der lang ersehnte Weihnachtsabend da. Ich ging ins »Weihnachtszimmer«, während die Familie in der Küche auf das Klingelzeichen wartete.

Dann endlich war es soweit. Die Kerzen am Tannenbaum brannten, die Tür öffnete sich und die Weihnachtsglocke ertönte.

Und da geschah es: Im gleichen Augenblick ratterte dicht über unserem Haus ein tief fliegender Hubschrauber hinweg. Erschrocken hielten sich die Kinder Ohren und Augen zu. Nachdem der Lärm verklungen war, trauten sie kaum ihren Augen: Mitten in der Wohnstube stand eine große Wanne voller Geschenke!

Wo kam sie her? Hatte das Christkind tatsächlich vom Hubschrauber aus diese Wanne heruntergelassen?

Die Frage wurde nie geklärt.

Glücklich verteilten die Kinder ihre Weihnachtsgaben.

Es fehlten nur zehn Meter

Unsere Kinder waren noch klein, als in einem Jahr der Winter mit ganzer Härte über das Land hereinbrach. In einem entlegenen Dorf, nahe der Nordseeküste, stand – ganz einsam – unser Bauernhaus, von alten Eichen und hohen Tannen umsäumt.

Der kleine angrenzende Wald beherbergte viele Vögel, Hasen und Rehe. Tief verschneit hingen die Zweige und Äste herab. Über Felder und Wiesen war ein dickes weißes Tuch gebreitet. Die sonst so scheuen Rehe kamen aus dem Wald bis vor unser Haus, weil sie hungrig waren und unter dem tiefen Schnee keine Nahrung fanden. Umso willkommener war ihnen ein großer überdeckter Heuhaufen hinter unserer Scheune, wo sie heimlich ihren Hunger stillten.

Weil es in den Tagen vor Weihnachten stark geschneit hatte, wollten unsere Kinder den Vögeln, ihren gefiederten Freunden, eine Weihnachtsfreude bereiten, indem sie ihnen einen Futterplatz anlegten.

Als sie dazu den Schnee wegschaufelten, stießen sie auf einen harten Gegenstand. Ängstlich riefen sie mich. Gemeinsam beseitigten wir den Schnee und – entdeckten ein kleines totes Reh! Abgemagert und erfroren! Es hatte vor Entkräftigung den kurzen Weg zur lebensrettenden Heumiete nicht mehr geschafft. Es fehlten nur zehn Meter!

Eisgang vor Weihnachten

In unserer Volksschule, die in einer Klasse Kinder aller Altersstufen beherbergte, stand vor einem halben Jahrhundert ein riesengroßer eisener Ofen – wohl zwei Meter hoch. Ursprünglich befand sich dieses Ungetüm bei uns, der Familie Siems, im einzigen heizbaren Wohnzimmer des Hauses. Und es war furchtbar gefräßig! Im Winter verbrannte er täglich zwei riesengroße Körbe mit Torf.

Als der Krieg 1945 vorbei war, konnten wir uns einen kleinen Eisenofen kaufen. Den großen spendeten wir der Schule, denn die Gemeinde war zu arm, um sich einen eigenen Ofen anzuschaffen. Die Beheizung war für die Schule kein Problem, denn jede Familie musste entsprechend der Zahl ihrer Kinder guten Brenntorf liefern. Neben dem Ofen stand eine große Torfkiste, die täglich von den Kindern mit Torf gefüllt wurde.

Wieder einmal kehrte kurz vor Weihnachten ein strenger Winter ein. Die Straßen und Wege, auf denen die Kinder zur Schule kamen, waren zugeschneit.

Zur Freude der Kinder war auch die Aue, ein kleiner Bach parallel zur Straße, mit einer Eisdecke überzogen.

War das toll! Da wurde geglitscht und gerutscht. Einige Kinder hatten von irgendwoher Schlittschuhe bekommen. Das war natürlich eine feine Sache. Und auch der zehnjährige Werner bat mich: »Mutti! Kauf mir doch auch Schlittschuhe!« Aber diesen Wunsch konnte ich ihm leider nicht erfüllen. Aber Werner wusste sich zu helfen: Er befestigte einen dicken Weidedraht unter seinen Holzschuhen.

Nun ging es los! Jetzt brauchte er die zwei Kilometer bis zur Schule nicht mehr zu laufen. Mühelos konnte er auf dem vereisten Bach dahinflitzen. Und alle Kinder bewunderten seine Findigkeit.

Auch an jenem Morgen, von dem ich erzählen will – es war übrigens der letzte Schultag vor den Weihnachtsferien –, machte er sich auf den Weg. Fröhlich sauste er los, rauf auf das Eis des Baches und dann Richtung Schule.

Ging das schnell und mühelos! Werner lief und lief. Gleich würde er an der Schule sein.

Doch dann kam die Brücke und – plumps! – brach er ein! Er hatte nicht bedacht, dass das Eis unter der Brücke dünn und brüchig war. Und als er die Gefahr erkannte, konnte er nicht schnell genug bremsen.

Glücklicherweise sprangen einige Mitschüler hinzu und zogen ihn mit großem Hallo aus dem Wasser.

Aber was nun? Nach Hause konnte er nicht. Das war zu weit.

So liefen alle in die Schule, wo der Lehrer sich über den pudelnassen Jungen erbarmte.

Wie gut, dass da der große warme Ofen war! Der beliebte Lehrer zog Werner die nassen Kleider aus und hängte sie zum Trocknen an den großen Ofen. Aber was sollte mit dem nackten frierenden Jungen geschehen? Auch da wusste der Lehrer Rat. Er wickelte Werner in eine Wolldecke und setzte ihn in die Torfkiste an den wohlig warmen Ofen.

So erwies der Siemsche Torfofen einem Spross der Familie einen besonderen Dienst.

Barmherzigkeit – nur einmal im Jahr?

In der Nähe unserer Kirche befindet sich ein Heim für »Nichtsesshafte«. Weil es von einem Diakon der evangelischen Kirche geleitet wird, wurde ich manchmal eingeladen, vor den mehr als hundertfünfzig Männern sonntags nach dem Mittagessen – sozusagen als »frommen Nachtisch« – eine Kurzandacht zu halten. Der Männerchor unserer Gemeinde unterstützte dann mit seinen gern gehörten Liedern die Verkündigung.

In der Adventszeit bereitete eben dieser Männerchor in unseren Gemeinderäumen eine Weihnachtsfeier mit Kaffeetafel und Abendbrot für die »Tippelbrüder« vor. Wir luden dazu jeden persönlich ein. Etwa zwanzig Männer sagten teils freudig, teils zögernd zu. Die anderen lehnten ab.

Dabei kam ich mit einem ungepflegt aussehenden älteren Mann ins Gespräch.

Früher, so erzählte er, da sei die Welt für ihn noch heil gewesen. Aber dann hatte das Unglück begonnen. Sein einziges Kind, ein zwölfjähriges Mädchen, wurde vom Auto überfahren und war seitdem querschnittsgelähmt. Seine Frau starb qualvoll an Krebs. Und dann verlor er auch noch die Arbeit.

Da hielt ihn nichts mehr zu Hause. Seit zehn Jahren war er »auf der Walze«. Und keiner habe sich in dieser Zeit um ihn gekümmert, beklagte er sich. Die Wermutflasche sei sein einziger Freund.

»Und nun soll ich zu den Frommen gehn? Einmal im Jahr eure Weihnachtslieder hören und euren Kuchen essen? Und dann schenkt mir so 'ne mitleidige alte Jungfer 'n Paar selbstgestrickte Socken und 'nen frommen Spruch? Nee, danke!«

Er lachte höhnisch und schüttelte energisch den Kopf. Dabei fielen ihm die strähnigen Haare ins Gesicht. Dann steckte er sich einen Zigarettenstummel zwischen die aufgeplatzten Lippen und sagte verbittert: »Eure ganze Barmherzigkeit kotzt mich an!«

Ein Weihnachtsbesuch

In der Weihnachtswoche 1960 machte ich mich auf den Weg, um dem hoch betagten Ehepaar van Santen einen Weihnachtsgruß meiner ostfriesischen Landgemeinde zu überbringen.

Als ich ihre Wohnung betrat, lag Oma van Santen auf dem Sofa, die rheumatischen Glieder von Kissen gestützt. Während ich sie nach ihrem Ergehen fragte, kam kein Wort der Klage über ihre Lippen. Im Gegenteil, sie fand noch Grund zum Danken. Mit einem Mal blitzte es schelmisch in ihren Augen, während sie sagte: »Dat Lopen geiht nich mehr, man hier«, dabei tippte sie mit dem Zeigefinger auf die Stirn, »un hier«, sie zeigte auf den Mund, »is dat noch best up stee!« – »Das Laufen geht nicht mehr, aber hier und hier ist noch alles in Ordnung.«

Ich gab ihr lachend Recht. Ein Kopf, der noch klar denken kann, und ein Mund, der noch schlagfertig redet: Das ist ein Geschenk!

Dann wandte ich mich an Opa van Santen: »Spielst du noch auf deiner Geige?« Er hatte viele Jahre den Gemeindechor geleitet und die Stimmen mit der Geige eingeübt.

Er schwieg, sah mich vielsagend an und ging schwerfällig in die Schlafstube, um seine Geige zu holen. Er öffnete den altmodischen Holzkasten, nahm die Geige heraus, stimmte sie umständlich, setzte den Bogen an und begann zu spielen: »Nun danket alle Gott ...« Seine Greisenhände zitterten, aber er verwandelte das Zittern in ein Vibrato, ein Schwingen der Geigenmelodie. Es war bewegend zu hören, wie seine Frau mit brüchiger Stimme in den Choral einstimmte.

Nachdem ich mich mit Bibelwort und Gebet verabschiedet hatte, dachte ich auf dem Heimweg über das Erlebte nach. Das wünschte ich mir bis ins hohe Alter: eine klare Erkenntnis der Güte und Treue Gottes. Einen Mund, der bereit ist, statt zu klagen fröhlich zu danken. Und die Gabe, die Gebrechlichkeit des Alters, das Leid des Lebens zu verwandeln in einen Lobpreis der Gnade Gottes!

Weihnachten unter Vagabunden

Vor Jahrzehnten machte der junge Student der Theologie Herbert Gezork eine Weltreise. Das Angebot eines Studienaufenthaltes in Amerika war der Anlass. Was er in mehr als zwei Jahren rund um den Globus erlebte, hat er anschaulich in seinem Buch »So sah ich die Welt«, niedergeschrieben. In einem Kapitel berichtet er von einer Weihnachtsfeier unter Vagabunden.

»Es ist ein ziemlich alter Kasten, dieser Fracht- und Passagierdampfer der kleinen japanischen Linie, dem ich mich für die lange Fahrt über den größten Ozean der Erde anvertrauen will. Aber – er ist billig, das ist mir jetzt die Hauptsache.«

Auf dem Schiff befinden sich unter lauter Japanern und Chinesen nur drei Weiße, die sich eine enge Kabine teilen müssen: »Brad«, der Russe, der seinen Freund aus dem roten Gefängnis befreite und seitdem auf der Flucht ist. Der zweite ist ein in Südafrika beheimateter Engländer, »Bloody« genannt, der um die Welt trampt, um Arbeit zu finden. Und den dritten – Gezork – nennen sie »Dutchman«.

Nach allerlei Aufregungen durch einen kräftigen Sturm ist endlich der Weihnachtsabend angebrochen. Aber – wie kann man mit rauhen und rohen Vagabunden Weihnachten feiern? Gezork berichtet:

»Da steht richtig der versprochene Kuchen auf unserem Tisch, sogar ein ›Merry Christmas‹ ist mit Streusel draufgemalt. Ich habe nach vielem Suchen zwar keinen Tannenbaum, nicht einmal einen grünen Zweig, aber doch wenigstens drei Kerzen auftreiben können. Die haben wir auf eine Pappschachtel gestellt und angezündet.

Die Japaner haben uns sogar einen Plattenspieler mit ein paar ihrer Platten herangeschleppt, aber wir halten das Gequäke nicht lange aus. Schließlich singt Brad einige seiner schwermütigen russischen Lieder. Und dann erzählt er, wie sie daheim auf dem schönen sibirischen Bauernhof Weihnachten gefeiert haben, bis der Krieg kam und der Vater hinauszog gegen Deutschland und nie zurückkehrte …

Wir sitzen still da und starren in unsere Weihnachtslichter, wir drei Weltenbummler aus drei Erdteilen, und unsere Gedanken sind weit, weit fort von hier.

Schließlich breche ich das Schweigen: ›Boys, habt ihr auch schon daran gedacht, warum man eigentlich Weihnachten feiert?‹

›Dutchy‹, sagt Bloody, ›wenn du hier mit uns Sonntagsschule halten willst, dann schlage ich dir vorher erst ein paar Zähne aus, dann kannst du weiterreden.‹

Brad, sonst auch nicht gerade zart besaitet, ist dieser Ton heute unangenehm; er steht auf und sagt ›Gute Nacht!‹ Bloody, der sich nun doch ein bisschen schämt, geht mit ihm hinunter. Ich steige aufs Deck.

Welch eine Nacht! Wie ein breites Silberband liegt die Milchstraße zwischen den funkelnden Sternen. Nachdem wir vierzehn Tage hindurch fast ununterbrochen Sturm hatten, ist heute der erste ruhige Tag. Wie ein unermesslicher blauer Samtteppich liegt das Meer da, durchbrochen nur von der weißen Straße aus Gischt, die unser Schiff hinter sich zurücklässt. Es ist ganz still, nur ab und zu ein Ruf der Schiffswachen, ein Klang der Stundenglocke.

Ich fange an, hin und her zu wandern. Dabei singe ich leise für mich in die Nacht hinaus ein Weihnachtslied nach dem anderen, und mit jedem Lied steigt irgendeine Erinnerung von vergangenen Weihnachten auf. Und dann sage ich mir die Weihnachtsgeschichte her...

Nein, so habe ich noch nie Weihnachten gefeiert, so mutterseelenallein, durch den halben Erdball von allen Menschen, die mir lieb sind, getrennt. Und doch möchte ich dieses Weihnachten auf dem alten, schmutzigen, stinkenden Dampfer zwischen Kulis und Abenteurern nimmer missen.

Mein Herz ist voller Glück, als ich zur Kajüte hinuntersteige. Brad schnarcht schon kräftig. Aber als ich das Licht anknipse, sehe ich, dass Bloody noch mit weit offenen Augen zur Decke emporstarrt.

›Woran denkst du, Jack?‹, frage ich ihn.

›Ich denke an zu Hause‹, sagt er.

Ich setze mich auf den Rand seiner Koje, und wir kommen ins Gespräch. Er erzählt von den Diamantminen Südafrikas, in denen er arbeitete, vom Hass zwischen weißen und schwarzen Arbeitern, von den Kneipen in Johannesburg, wo er jedesmal seine Weihnachten im Schnaps ersäuft hat.

Mit einem Mal richtet er sich auf den Ellenbogen auf: ›Sag, Dutchy, warum ist das alles so in der Welt – der Hass, die Ungerechtigkeit? Warum hassen wir Weißen die Schwarzen, und die Gelben hassen wieder uns? Warum schwelgen die einen, und die anderen verrecken im Hunger? Warum wälze ich mich durch allen Dreck und alle Gemeinheit? Du denkst vielleicht, das macht mir Spaß, aber es ist nicht wahr!! Ich ekle mich ja vor mir selber – aber ich kann doch nicht mehr anders! Du glaubst an Gott! Nun sage mir doch, warum ist das alles so?‹

Bei jedem Warum schlägt er mit den Fäusten auf die Bettkante, dass Brad, halb aus dem Schlaf aufgeschreckt, sich knurrend herumwirft.

›Jack‹, sage ich, ›du hast ja schon selbst die Antwort auf dein Warum gegeben, als du sagtest, du kannst nicht los. Das ist es ja: Wir stecken alle zu tief drin in der Sehnsucht und im Hass und in der Unversöhnlichkeit und in der Gemeinheit. Wir können uns nicht selbst davon erlösen. Du weißt es ja von dir selber. Und darum eben ist Christus gekommen, um die Liebe und die Reinheit und die Freude zu bringen: die Erlösung! Siehst du, darum feiern wir Weihnachten!‹

›Ja, aber Mensch, das ist doch nun schon so lange her, und ihr Frommen feiert und redet davon jahraus, jahrein. Und die Welt ist so schlecht wie je. Warum??‹

›Du hast Recht‹, sage ich leise. ›Das ist unsere Schande. Wir reden so viel von ihm und wir folgen ihm so wenig.‹

›Herbert, glaubst du, dass es je mal wirklich anders werden wird auf der Erde?‹

›Ja, Jack, ich glaube es. Wenn Christus wirklich Herr sein wird in den Menschen. Darauf warte ich. Dafür lebe ich.‹

Eine Weile schweigen wir.

Dann geschieht etwas, was ich nie vergessen werde. Bloody, der Abenteurer, der Vagabund dreier Erdteile, der Held vieler Kneipenschlachten, Bloody, der Draufgänger, immer bereit mit geballter Faust, immer das Messer lose im Stiefel ... Bloody packt mich am Kragen, zieht mich rasch zu sich herunter, schlingt seinen Arm um meinen Hals und drückt seine zersprungenen rissigen Lippen für Augenblicke an meine Wange!

Dann schiebt er mich schnell fort, dreht sich zur Wand und zieht die Decke über den Kopf.

Ein altes Wort geht mir durch den Sinn: ›Sie werden kommen vom Morgen und vom Abend, von Mitternacht und vom Mittag ...‹

Ja, auch die Vagabunden, sie, die Fernsten – ihre Sehnsucht wird ja am größten sein –, und er wird seinen Platz an seiner Tafel für sie alle haben!«

»Tierische« Weihnachtsfreude

Argus war ein schöner ausgewachsener Schäferhund. Die Farbe seines Fells war braun, der Rücken und der Kopf schwarz. Argus war ein kluger, ausgebildeter

Polizeihund, den wir einem Beamten abgekauft hatten. Der Hund war für den Polizeidienst schon zu alt.

Als Argus sich nach kurzer Zeit mit uns allen angefreundet hatte, gab es keine Probleme mehr. Eines konnte er aber absolut nicht vertragen: wenn eine Katze sich sehen ließ! Dann kannte er kein Hindernis, sie zu jagen.

Von der Diele des Bauernhauses führte eine sieben Meter lange Holzleiter nach oben zum Heuboden. Sie war schon recht alt, in der Mitte durchgebrochen und mit einem dicken Seil zusammengebunden. Wenn man bis zur Mitte kam, schwankte sie gefährlich.

Eines Tages kam Muschi, unsere Hauskatze, durch das Hundeloch der Tür in die Diele. Sie kehrte von einem Jagdausflug zurück und wollte sich in der wohligen Wärme des Hauses ausruhen.

Es war Ende Dezember, kurz vor Weihnachten. Draußen herrschten Eiseskälte und Schnee. Darum kamen unsere Haustiere nach einem Ausflug immer schnell wieder ins wärmende Haus zurück.

Argus hielt sich in der Diele auf. Muschi kam, Argus guckte, sprang auf und lief auf Muschi zu. Unser armes Kätzchen erschrak, bekam es mit der Angst zu tun und sprang mit großen Sätzen auf die Leiter zu – und Argus hinterher!

Muschi erreichte die Leiter, sprang Sprosse für Sprosse ruck zuck auf den Heuboden und schaute triumphierend von oben auf Argus herunter. Das ärgerte ihn natürlich fürchterlich. Er jaulte und sein Schweif wedelte ärgerlich hin und her.

Mutig überwand er seine Angst, nach oben zu klettern und erklomm Sprosse für Sprosse. Nun erreichte er die schaukelnde Mitte der Leiter. Jetzt hielt er an und schaute ängstlich nach unten. Aber – ein Zurück gab es nicht – denn ein Hund kann nicht rückwärts die Leiter herunterklettern. So erklomm er mit dem Mut der Verzweiflung die restlichen Sprossen nach oben, bis er endlich den Heuboden erreichte.

Aber von Muschi war nichts mehr zu sehen, sie war längst verschwunden.

Ich hatte das alles beobachtet. Argus schaute hilflos und ängstlich nach unten.

Wie konnte ich ihm helfen? Ihn herunterzutragen – dazu war er zu schwer. Was sollte ich nur machen?

Da fiel mir ein, dass wir einen Flaschenzug hatten, der dazu diente, das gedroschene Korn auf den Boden zu befördern. Diesen holte ich schnell und befestigte einen hohen Korb daran, der einen Durchmesser von etwa einem Meter hatte.

Dann kletterte ich die Leiter hinauf – jetzt begann die Rettungsaktion – und zog den großen Korb nach oben. Ich zeigte auf den Korb und befahl dem Hund: »Setz dich, Argus!«

Welch ein Glück: Er gehorchte!

Ich redete auf ihn ein, sitzen zu bleiben. Das tat er auch, denn er hatte viel zu große Angst.

Dann setzte ich den Flaschenzug in Bewegung. O weh! Der Korb schaukelte – aber Argus blieb sitzen. Mein Herz klopfte zum Zerspringen. Wird es gelingen, das große Tier aus der beträchtlichen Höhe nach unten zu schaffen?

Langsam, ganz langsam schwebte der Korb über dem Abgrund. Argus saß weiterhin ganz still, denn er merkte wohl, dass dies der Weg seiner Rettung war.

Endlich – endlich setzte der Korb auf!

Geschafft!!!

Fröhlich bellend sprang der Hund aus dem Korb heraus.

Die ganze Familie freute sich über die gelungene Rettung. Zu Weihnachten bekam Argus eine dicke Wurst.

Rückfahrkarte

Der kleine Bub in der schwäbischen Familie ist zu Weihnachten reich beschenkt worden. Vor allem begeistert ihn die Dampfmaschine, die eine Mühle und ein Hammerwerk antreibt. Er hat kaum Zeit zum Essen und will abends nicht schlafen gehen.

»Du kannst ja morgen weiterspielen!«, verspricht der Vater und bringt ihn mit sanfter Gewalt ins Bett.

Um sicherzugehen, dass das so sein würde, ergänzt der Junge sein Abendgebet:

»Lieber Gott, mach mi fromm, dass i in de Himmel komm, und au wieder runter!«

Diese Geschichte macht mich nachdenklich. Wir alle dürfen uns von Herzen über unsere Weihnachtsgeschenke freuen. Aber haben wir auch nicht vergessen, zu danken mit »Herzen, Mund und Händen«? Kennen wir vielleicht jemanden, dem wir selbst mit einem Geschenk eine Freude bereiten könnten?

Und bei alledem sollten wir nicht vergessen, dass das schönste Weihnachtsgeschenk der Heiland ist, der im Stall zu Bethlehem geboren wurde.

Ein Weihnachtsengel

Der gesegnete Pastor Otto Ekelmann (1890-1973) erlebte in Marienwerder eine wunderbare Bewahrung. Es war in der Adventszeit und er hatte seine wöchentliche Bibelstunde gehalten. Er erzählt:

»Ich hatte meinen großen Fahrpelz an und bestieg mein Motorrad.

Während ich mit Vollgas fuhr, hörte ich plötzlich ein merkwürdiges Klirren. Da ich der Meinung war, aus meiner Werkzeugtasche einen Gegenstand verloren zu haben, hielt ich an.

Aber ich konnte nichts finden. Die Werkzeugtasche war fest verschlossen. Darum bestieg ich wieder das Motorrad.

Aber – beim Anfahren sank ich nach vorn über. Die Gabel war gebrochen! Nur mit großer Mühe konnte ich mich von dem über mir liegenden schweren Motorrad befreien. Beim Schein der Taschenlampe bemerkte ich, dass die Gabel eine alte eingerostete Bruchstelle hatte. Jetzt war der völlige Bruch eingetreten.

Wäre ich nicht auf der Dorfstraße zum Halten veranlasst worden, hätte ich in vollster Fahrt einen Sturz gemacht und mir höchstwahrscheinlich das Genick gebrochen.

Ich stand wie benommen eine Weile still ob dieser gütigen Bewahrung. Dann faltete ich meine Hände und dankte dem Herrn, der mich erfahren ließ: Der Engel des Herrn lagert sich um die her, die ihn fürchten und hilft ihnen aus.

Nachdem ich das demolierte Rad untergestellt hatte, ging ich nachdenklich und dankbar zu Fuß nach Hause.«

Die Liebesbrücke

Mitten durch das ostfriesische Moordorf fließt ein breiter Entwässerungsgraben. An beiden Ufern stehen lang gestreckte Bauernhäuser. Als ich vor vielen Jahren dort Pastor war, wohnte auf der einen Seite Familie H., die einen heiratsfähigen Sohn hatte; auf der gegenüberliegenden Seite Familie S. mit einer hübschen Tochter. Eines Tages gewannen die beiden jungen Leute sich lieb. Nun war aber die nächste Brücke einen halben Kilometer entfernt – viel zu weit für Füße, die auf Wegen der Liebe gehen. Was tun?

Kurz entschlossen nahm der junge Mann Bohlen und Bretter und baute eine kleine Brücke über das trennende Wasser. Nun konnten die beiden mühelos zueinander kommen. Eines Tages fand dann auch die Hochzeit statt. Im Dorf aber wurde die Brücke die »Liebesbrücke« genannt.

Heute ist Weihnachten und da frage ich: Hat nicht auch Gott in seiner Liebe zu uns eine Brücke gebaut, die Himmel und Erde verbindet, als er seinen Sohn in diese Welt sandte als Kind in der Krippe? Und diese Liebe wurde vollendet in dem Sühneopfer auf Golgatha.

Weihnachten will zweierlei: Es will unseren Dank wecken für diese »Liebesbrücke« und will uns alle ermutigen, den Weg über diese »Liebesbrücke« zu gehen.

Silvester-Erinnerungen

Weil über der Jahreswende noch ein weihnachtlicher Nachglanz liegt, will ich einige Silvester-Erinnerungen erzählen.

Ochsenaugen

Zu meinen starken Kindheitserinnerungen zählt die jährliche Teilnahme an den Silvesterfeiern unserer kleinen Gemeinde in Wandsbek. Zwei Ereignisse sind mir aus dieser Zeit besonders lebendig geblieben.

Am späten Silvesternachmittag pflegte meine Mutter immer die »Ochsenaugenpfanne« hervorzuholen. Das geschah nur einmal im Jahr und war darum ein besonderes Ereignis.

Die gusseiserne Pfanne hatte etwa ein Dutzend runde Vertiefungen, in die der Teig geschüttet wurde. Die »Ochsenaugen«, so nannten wir die runden Ballen, die heute überall »Berliner« heißen, wurden, wenn die untere Hälfte gar war, mit der Gabel umgedreht und fertig gebacken.

Dann wurden sie, fett und warm, auf große Teller gehäuft und mit Zucker bestreut. Wenn dann nach dem Predigtgottesdienst die Kaffeepause begann, holte Mutter immer die Teller mit den Ochsenaugen nach unten in den Saal. Das gehörte einfach zum jährlichen Liebesmahl. Und viele probierten und lobten »Tante Feldkirchs Gebäck«.

Bist du gewachsen, Kind?

Eine zweite Erinnerung knüpft an ein Gedicht. Nach der Kaffeepause war dann die Gemeinde gefordert, das Gemeindefest zu gestalten.

Unvergesslich ist mir ein Gedicht, das meine Mutter vortrug. Es war sehr lang und erzählte von Eltern, die ihre Kinder jedes Jahr zu Silvester an den Türrahmen stellten, um ihre Länge zu messen. Für jedes Kind wurde jedes Jahr eine Kerbe in den Rahmen geschnitzt. So konnte man ablesen, um wie viel es gewachsen war.

Dann wurde das aufs Geistliche übertragen. Die eindringliche Frage, mit der jede der vielen Strophen endete, hat sich mir unauslöschlich eingeprägt. Sie lautete: »Bist du gewachsen, Kind?«

»Näher, mein Gott, zu dir«

Als ich 1949 Pastor in Gronau wurde, gestalteten wir bei den Silvester-Liebesmählern den Übergang über die Jahresschwelle nach einer Tradition, die die älteren Familien von Russland mitgebracht hatten.

Eine Viertelstunde vor Mitternacht begannen wir mit einer Gebetsgemeinschaft. Aber während der allerletzten Minuten beteten alle schweigend, für sich.

Auf der Empore saß ein junger Mann mit einem Tonband, auf das er vorher die zwölf Schläge einer alten Standuhr aufgenommen hatte. Genau um Mitternacht erklangen dann von oben herab die ernsten Glockenschläge in die Stille der anbetenden Gemeinde hinein.

Schon vorher hatte sich ein Doppelquartett unseres Männerchores in den durch eine Schiebewand getrennten Jugendsaal begeben. War der zwölfte Schlag verhallt, begannen die Männer zu singen, während die Gemeinde schweigend verharrte: »Näher, mein Gott zu dir!«

Zunächst sangen sie weit entfernt auf dem hinteren Korridor. Aber während sie das Lied weitersangen, kamen sie langsam ungesehen, aber hörbar immer näher heran, bis sie bei der letzten Strophe unmittelbar hinter der Faltwand standen, die sich lautlos öffnete.

Dieses Lied mit seiner schlichten Melodie, das zuerst leise aus der Ferne ertönte, um dann immer lauter anzuschwellen, bis es am Ende stark und mächtig ausklang, hinterließ jedes Jahr einen starken Eindruck und begleitete viele durch das ganze Jahr.

Ansprachen ... Ansprachen ...

Zu einem richtigen Silvester-Liebesmahl gehören Ansprachen. Hier will ich keine Orte und Namen nennen, nur so viel, dass es in Ostfriesland vor vielen Jahren geschah.

Es bedrückte den Pastor, dass die Redner bei ihren Ansprachen auf den Gemeindefesten immer nur aus der Vergangenheit und nicht aus dem gegenwärtigen Erleben berichteten. Darum bat er: »Erzählt doch nicht immer, was ihr vor fünf oder zehn Jahren mit Gott erfahren habt!«

Da ging ein alter Mann nach vorne, der das wohl verkehrt verstanden hatte und sagte: »Unser Pastor hat gebeten, wir sollen nicht erzählen, was wir vor fünf oder zehn Jahren erlebt haben. Darum werde ich erzählen, was ich vor zwanzig Jahren erlebt habe.«

Zur Heiterkeit der Jüngeren erzählten einige der Alten jedes Jahr die gleichen Geschichten, so dass viele immer schon gespannt darauf warteten, das oft Gehörte ein weiteres Mal zu vernehmen.

Einem alten treuen Bruder beispielsweise lag es am Herzen, seine Bekehrungsgeschichte bei jedem Silvester-Liebesmahl zu erzählen. Anschaulich wusste er von seinen inneren Seelenkämpfen zu berichten. Viele Stunden hatte er auf dem Heuboden in hartem Ringen verbracht.

Da, eines Nachts, während er im Bett lag und betete, drang er zur Heilsgewissheit durch. Voller

Freude rüttelte er seine Frau wach, die neben ihm schlief, und rief: »Wach auf, Antjelina! Ich hab's erfasst!«

Und dann sang er laut mit ihr die Strophe eines alten Chorals: »Seelenbräutigam . . .«

In späteren Jahren verließ ihn oft sein Gedächtnis. Aber es drängte ihn weiterhin, die allen bekannte Geschichte zu erzählen.

Als er nun bei einem Liebesmahl in seiner Erzählung bis an die Stelle gekommen war, wo er seine Frau aufweckte, wusste er nicht weiter.

Darum fragte er in die Gemeinde hinein auf ostfriesisch Platt: »Wat heff ick man noch sungen?«

Und aus der Gemeinde erscholl es in fröhlichem Chor: »Seelenbräutigam!«

Abschied von Ostfriesland

Er war ein echter Ostfriese, der heimatlichen Scholle von Herzen verbunden. Darum war es für ihn selbstverständlich, dass er nach Beendigung seines Theologiestudiums nur in seinem Ostfriesland Pastor wurde. Mit ganzer Hingabe diente er einer kleinen Gemeinde an der Küste.

Es war die Zeit nach dem Ersten Weltkrieg. In

diesen Hungerjahren sandte die Gemeinde Lebensmittel nach »Bethel«, dem diakonischen Werk in Bielefeld. Dadurch entstanden Verbindungen auch mit Pastor von Bodelschwingh.

Eines Tages kam von dort die Anfrage, ob er – der junge Pastor T. wohl die Freudigkeit hätte, einen leitenden Dienst in den Bodelschwinghschen Anstalten zu übernehmen. Das löste einen gewaltigen Kampf im Herzen des Pastors aus. Die geliebte Heimat und die Gemeinde verlassen? Und ob er den größeren Aufgaben gewachsen war ...? Aber nach vielen Gebeten kam er zu der Gewissheit, dass dies Gottes Weg für ihn sei.

Und dann kam nach mehreren Abschiedsfeiern der endgültig letzte Tag vor der Übersiedlung nach Bethel. Er musste Abschied nehmen. Es war ein sonniger Septembernachmittag.

Der Pastor wanderte mehr als eine Stunde am grünen Deich entlang bis an das Ende der Gemarkung. Zum letzten Mal bestieg er dort den kleinen Leuchtturm und schaute nachdenklich auf das weite Meer. Es wurden wenige Abschiedsworte gesprochen. Dem Pastor war das Herz schwer und ostfriesische Leuchtturmwärter sind nun mal wortkarg. Wie oft hatte er hier gestanden! Und jedes Mal hatte dieser Blick auf die unendliche Größe des Meeres – ob es still ruhte wie heute oder ob es tobte und stürmte – sein Herz beruhigt, wenn es seufzte unter der bedrückenden Ansammlung verdrießlicher Alltagssorgen.

Auf dem Rückweg kehrte er zum letzten Mal in einigen einsamen Fischerhütten ein. Und während er in Gedanken versunken langsam weiterging, grüßten ihn zur Linken die grünen Weiden mit den schwarzbunten Kühen, die neugierig ihre Köpfe hoben. Zur Rechten begleitete ihn das schöne schreckliche Meer mit seinen ruhigen Atemzügen.

Unweit des Dorfes holte er die dorfeigene Schafherde ein. Ein Hirtenjunge trieb die etwa hundert Schafe, die täglich auf dem Deich weideten, heimwärts. Zusammen zogen sie langsam weiter. Jetzt galt es, von seinem »Kollegen im Hirtenamt« Abschied zu nehmen.

Als sie den Dorfrand erreicht hatten, lagerten sich die satten Schafe ins Gras des Deiches. Purpurn leuchtend stand die Abendsonne tief am Horizont. Aus der Ferne näherte sich lautlos ein Fischkutter mit braunen Segeln. Sein Bug durchschnitt die dunklen Fluten und zeichnete mit seinem Kielwasser eine leuchtende Spur. Dass doch auch in meinem Leben eine solche leuchtende Spur zu finden sein möge!, wünschte sich der Pfarrer im Blick auf die Gemeinde, die er nun verließ. Schweigend setzte er sich neben den Hirtenjungen.

Jetzt wehte der Wind kühler. Wasservögel flogen mit lautlosem Flügelschlag ins Land hinein. Die ersten Nebelschwaden krochen vom Meer heran. Und in das friedvolle Schweigen sang melodisch die Glocke des kleinen Kirchleins ihr Abendlied.

Und da geschah es! Plötzlich hoben zwei der Schafe den Kopf. Die spielenden Ohren lauschten in die Ferne. Und dann standen sie leise auf, schritten vorsichtig über die Leiber der ruhenden Tiere und eilten ins Dorf. Kurz danach taten fünf weitere Tiere dasselbe. Und dann Gruppe um Gruppe, die einem geheimnisvollen Befehl folgten. Sie hatten den Lockruf ihrer Besitzer gehört und liefen fröhlich in die Geborgenheit der Ställe.

Und wieder dachte der scheidende Pfarrer an seine Gemeinde. Hatte er es doch selbst erlebt, dass Menschen wie diese Schafe den Ruf ihres Herrn hörten und im Gehorsam des Glaubens aufgebrochen waren hin zu Ihm, dem guten Hirten.

Da weckte ihn die Stimme des Hirtenbuben aus seinen Gedanken: »Kumm Pastor, nu laat uns na Hus gaan!«

Schweigend legte der Pastor seinen Arm um den Jungen. Tränen standen dem Seelsorger in den Augen, denn er kannte den Burschen seit vielen Jahren.

Dann ging er wortlos davon, ohne sich noch einmal umzuschauen.

Während er sich seinem Haus näherte, eilten seine Gedanken in die Zukunft zu den neuen Aufgaben und den neuen Menschen, die auf ihn warteten.

Würde er es schaffen? Würde er dort sein Lebenswerk vollenden, bis, ja bis ...

Die Worte des Hirtenjungen ließen ihn nicht los. Gedanken wurden Gebet:

Ich möchte, dass, wenn mich mein Hirte eines Tages heimruft, einer neben mir steht, mir die Hand auf die Schulter legt und mich ermutigt: Kumm, Pastor, nu laat uns na Hus gaan! Komm, jetzt geht's nach Haus!